八十分就好的美好生活

■生活，不必總是滿格■

張笑恆——著

前言

幸福取決於0.8

日本知名內科醫學博士、被譽為「作家醫師」的志賀貢，曾提出一個關於健康與人生的關鍵數字——0.8。志賀貢表示，從健康方面而言，人的心臟每0.8秒跳動一下，是人體循環的最佳狀態；烹飪時原本加一匙鹽，若改為0.8匙，既能最大限度引出食材的鮮味，對腎臟也不會形成太大的負擔；吃飯時，吃到八分飽就好，有利於胃部的消化吸收……

其實，0.8的智慧不僅僅針對身體健康，更適用於生活的各個層面。正如志賀貢所認為的那樣：「當我們在生活中感到筋疲力竭、完全提不起勁，覺得整個人被工作掏空，發現自己的健康開始走下坡，總覺得家庭生活被繁忙的工作嚴重影響……這，其實都是做得太滿的緣故。」無獨有偶，在杭州的靈隱寺，也有一塊石碑上寫著：「不把力使盡——福」。世界上的一切事物自有其運行的規律，凡事都要有個「度」。

所以，無論在工作還是在生活中，都值得奉行「八十分哲學」：做事盡八分力，不求事事完美，留下餘地，心境會更坦然；愛一個人，也不必緊緊相扣，應保留彼此呼吸的空間；獲取資訊資源，不要「一網打盡」，要有選擇地吸收消化；與朋友交往，不必吹毛求疵，坦誠相待即可……如此，我們才能享受和諧的人生、健康的生活，以及更深層次的快樂。

我們應該為全力衝刺的人生設定限度，為了收穫向前衝刺固然是好的，但人生不是百米賽跑，更像是一場馬拉松，你用跑百米的速度去跑馬拉松，反而錯失風景與終點的從容。為人生設下適度的界線，雖不追求極致，卻能長久安穩地前行。

我們也應該給人生找一個適合的度，不要因為急功近利的短視讓原本的好事變壞，要知道過猶不及啊！就像水果需要時間成熟，一味地催肥助長，恐怕最終不但無法收穫果實，連果樹都會因肥料過多而敗亡。「水至清則無魚」，養魚的水需要潔淨，但若清到毫無雜質，恐怕連水草都無法生存。

這種「有度」的原則，不僅存在於自然，更貫穿於我們的生活。身體保健是如此，那麼生活、工作、人際、愛情哪個不是如此呢？當你面對越來越浮躁的生活節奏、日益沉重的壓力時，不妨提醒自己：「人生要衝更要緩衝」，給自己的熱情打個八折，試著實踐志賀醫師的「0.8生活法則」。

人們習慣於將纍纍果實掛滿枝頭的季節稱之為「金黃色的秋天」。當飽滿的果實散發出誘人的氣息，給人一種豐饒感，隨之而來的卻是那蕭瑟寂寥的冬天，常讓人厭惡不已。但人們卻忽略了，正是因為有冬天的休養生息，大地才會在春天煥發出新的生機，才可能讓人們擁有秋天的收穫。

人生也是如此。我們期待擁有收穫，為此不停地奔波，不懈地勞碌，潛意識中追求完美與巔峰。但我們也該明白，生命需要冬天的休息。只有學會停下來，我們才能積蓄足夠的能量，在人生的秋天迎來真正的成果。

在某個夏日的午後，當你從香甜的小憩中醒來，感受到身體暖洋洋地十分舒適，賴在床上任憑時間流逝……你可曾想過，如果人生能多幾個這樣的午後，哪怕被說是「虛度時光」，也未嘗不可。

當你在某個周末坐在公園的長凳上，感受涼風穿過樹梢，從綠蔭下吹拂而來，手裡拿著一本自己鍾愛的小說，在陣陣微風中悠然自得地欣賞自己喜歡的文字。此刻的你，是否也會告訴自己：若生活能常常這樣，或許，也就足夠了。

這不是逃避現實，更不是不思進取，而是懂得生活的節奏，更是為了蓄積攀登下一個高峰的能量。

目次

第 2 章 人生打八折，反而比較美

第 3 章 不爭第一，也能活成贏家

第5章 工作不必滿格，八成力氣剛剛好

第 6 章 愛要有喘息空間，才不會太累

第7章 盯著二十分挑毛病，不如珍惜那八十分的好

第 8 章 話別說太滿，八分的溝通更動人

第1章

慢一點，其實剛剛好

1 放輕鬆！讓自己從焦慮中抽身

◆心情焦慮會讓人付出生理與心理健康的雙重代價。

無論是在網路上還是現實生活中，我們經常會聽到一些人說：「好累啊、真煩！」彷彿全民都陷入了一種集體的焦慮之中。而這股焦慮的根源，往往來自於生活壓力的失衡與過度。曾有一則「二十五歲竹科工程師過勞死」的新聞在網路上引起大量轉載與關注。逝者生前常在社群網站上抱怨工作忙碌、毫無休息時間，甚至用諷刺語氣寫下「好歡樂的加班……」然而他突如其來的離世，不得不讓人重新反思：我們是否活得太滿了？

八分生活的智慧

在養生生活哲學中，廣泛流傳著一種「八分原則」的智慧。日本醫學博士志賀貢曾提過一個挺有意思的數字——0.8。這不是什麼高深難懂的數字，而是他從生活裡慢慢觀察出來的一種剛剛好的節奏。他說，心臟每0.8秒跳一下，每分鐘大約75下，是身體最理想的循環速度，不急不緩，就像是一首你鍾愛的輕快歌曲，聽整天也不會膩。而這個數字，也能延伸到我們的日常，比如做菜時原本要下一匙鹽，試著改成0.8匙，減點鹽，不僅能保留食材原味，還能讓腎臟少點負擔，不用每天為你那鹹到冒煙的味蕾辛勤工作。

志賀博士說，人生其實也該保有一點這種「不滿格的餘裕」。現代人太常將自己推到極限邊緣，不論是工作還是家庭，總怕一放鬆就會落後。但說真的，若真的什麼都做到一百分，我們很可能早就透支了所有精力。與其追求完美，不如留下一點空間，讓生活可以慢下來，讓我們還能有力氣能笑一笑、看看家人的臉，也看看自己是不是還記得什麼叫快樂。幸福在哪裡？或許就藏在那「剩下來的兩成」裡，在你沒把生活塞得太滿、在你願意放過自己的時候，幸福就會悄悄發芽。

這種「八分原則」不僅是健康的守門員，更是一種生活態度。凡事做到剛剛好，留下一些空間與餘裕，才能不讓身心繃緊至極限。幸福，不在於將每一刻都填滿，而是藏在那些未填滿的留白中。

事實上，現代人的焦慮往往源自對「還沒得到」的渴望。當我們將目光集中在自己所缺乏的事物上，拚命工作，疲於奔命，卻很少回頭看看——其實我們早已擁有不少美好。只要肯放慢腳步，你會發現，其實我們所追求的，不過是一種輕鬆、自在的生活。那麼，為了滿足欲望而放棄當下的舒心，又是否值得呢？

想要的太多，失去的更多

讓我們來看看下面這則寓言故事：

某機關裡有位安分守己的小公務員，一直過著平凡的日子。有一天，他突然接到了一則通知：一位素未謀面的遠房親戚在國外過世，指定他為遺產繼承人。而這筆遺產，竟是一家價值千萬的珠寶店。他欣喜若狂，準備出國辦理手續。正當一切就緒，在他準備動身之際，卻又接到消息：一場大火燒毀了整間店鋪，珠寶全數付之一炬。

他帶著空歡喜重返職場，卻從此變得鬱鬱寡歡，整日抱怨命運不公。每每提起這場「失落的財富」，總是喃喃自語：「那可是一大筆錢啊！我一輩子的薪水都比不上它的零頭……」

一位同事聽了反問他：「你並沒有失去什麼啊！從頭到尾你都未曾真正擁有過它，不是嗎？」

「什麼叫沒有失去！」他激動咆嘯：「那麼大的一筆遺產就這樣沒了！」

同事淡然一笑：「在一個你從未到過的地方，有一家你從未見過的店燒毀了，這真的與你有關嗎？」

然而不久之後，小公務員竟憂鬱成疾，鬱鬱而終。

這個故事讓人深思。人生的遺憾，有時不是因為失去了什麼，而是因為我們放不下那「幾乎得到」的幻影。與其追求百分百的圓滿，不如學會珍惜「剛剛好」的幸福。

八分的節奏，意味著凡事不必做滿，不必求盡。工作上，盡八分力就好，留兩分給身體與生活喘息；對人對事，不必投入到耗盡自己，要懂得保留界線與空間；生活中，也別讓過多資訊將我們的生活填滿，要學會篩選、消化與沉澱，不讓生活變得雜亂無章。

幸福不是把一切做到極致，而是在「還有一點空間」中體會安穩，在「不必非得完美」中感受豐盈。正如佛語「法演四戒」所言：「勢不可使盡。」八十分的人生，才是最適合長久經營的節奏。

當你感到疲憊時，不妨問問自己：我是否過度追求完美？是否把生活繃得太緊？給自己一點空間，給目標打點折扣，讓八分滿成為生活哲學，不僅更輕鬆，也更持久。

人生不是短跑，而是一場需要節奏與耐力的馬拉松。願我們都能在這樣的節奏中，找到屬於自己的從容與幸福。

在這個競爭激烈的社會，如果我們總是渴望著得到什麼，那恐怕永遠都有做不完的工作。偶爾停下來，放下點什麼，不要因事務纏身而犧牲自己已經擁有的幸福；無論是生活還是工作，不再苛求自己百分之百達標，面對十分的挑戰付出八分拚勁，剩下的用來享受自己已經擁有的幸福——這或許是化解人們內心焦慮的最佳方式。

2 「裝忙」是現代社會的流行病

◆忙，似乎是人們向來對自己的標榜和包裝。

對現代白領上班族而言，「忙碌」似乎成了日常的主旋律。彷彿一旦不忙，就顯得格格不入。你是否也曾遇過這樣的情境：與朋友相約吃飯，對方卻在訊息中回應：「我手上的工作還沒做完，你們先點餐，我晚點過去。」不論是真忙還是假忙，當彼此終於見了面，談話總少不了這句：「最近真的好忙啊！」

在辦公室裡，也常能見到這樣的現象：即使手邊沒有太多事務，也總要營造一種風風火火的忙碌氛圍給主管與同事看。

根據某人力網站的調查，有高達七成五的上班族承認會視情況「適度裝忙」，僅有不到兩成的人表示自己確實忙得不可開交。裝忙的理由不一而足：保住飯碗、維護形象、避開特定人事……久而久之，許多人都成了「裝忙族」的一員。

裝忙的日常

今年二十五歲的佳雯，在內湖某科技公司擔任秘書。初入職場的她，很快便融入了所謂的「忙碌文化」。她的辦公桌四周，總貼滿了寫著任務的便利貼：「幫老闆安排行程」、「完成上週工作總結」、「整理會議資料」、「聯絡客戶」……看起來事務繁多、分身乏術。

然而，這些貼滿便利貼的桌面，其實只是「忙碌形象」的一部分。她的電腦上，總開著一份未完成的文檔，一旦主管經過，便立刻進入「劈哩啪啦」敲鍵盤的模式。等腳步聲遠去，螢幕便切換至購物網站、娛樂新聞或股市資訊，切換自如，爐火純青。甚至，她已能從腳步聲分辨出來者是誰。

這套「遊擊式裝忙法」並非佳雯初入職場時便習得的本能，而是在工作環境中慢慢學會的生存方式。

兩年前剛進公司時，佳雯還是個踏實工作的新人。但她很快發現，在這個辦公室裡，「認真做事的人」反而常常成為「工作加碼」的首選。主管總以「其他人很忙」為由，把更多的任務丟給她。同事們也藉口「忙不過來」，理直氣壯地藉故請她代辦雜事，從買咖啡到跑腿。

更令她無奈的是，當她好不容易完成手頭工作準備下班時，其他人早已悠哉離去。她這才發現，原來那句「我很忙」的背後，往往是打電話聊八卦、上網、刷社群。電話接通時聲音瞬間轉為專業：「王總您好，今晚方便見面嗎？」一掛掉，又是嬉笑連連。

起初，她對這種虛假表現感到氣憤，久而久之，她開始思考：「別人可以，我為什麼不行？」於是，她也開始「佈置」自己的忙碌形象，用密密麻麻的便利貼，公開「行程」，藉此減少被額外指派工作的可能性。

但即便如此，佳雯仍堅持「裝忙歸裝忙，本職工作必須完成」。在這樣的「偽勤奮」策略下，她一方面得以偷得浮生半日閒，另一方面也讓主管留下「努力工作」的好印象。

兩年過去，佳雯早已成為辦公室的資深員工，也真正變成了「忙碌族」的一分子。主管對她倚重有加，任務一張接一張，晚間八九點下班變成日常。

某天，主管又遞來新的任務表：「佳雯，這個幫我處理一下。」

她語氣平靜地回答：「還沒做完，應該明早可以交。」實際上，她剛完成手頭工作，正打算稍作休息。可為了延續「勤奮」形象，她只能繼續假裝忙碌。

「裝忙」，其實裝的是焦慮

多數「裝忙族」並非出於偷懶，而是源自對職場期待與壓力的回應。他們渴望展現積極形象，但在理想與現實的落差中，不得不選擇一種權宜之計。雖說裝忙有時能換來短暫的喘息，甚至是肯定的假象，但大多數人卻難以掌握其中的分寸；一旦過了頭，不僅事倍功半，更會讓自己陷入更深的疲累與焦慮。

有心理學專家指出，「裝忙」是一種輕微的「認知失調」現象，也是一種亞健康狀態。當這種行為持續受到外界肯定，便容易被強化，甚至成為日常習慣。一旦某天「裝」不下去，就容易出現壓力失衡與情緒崩潰。

對主管而言，最終看的還是績效與成果。「假忙」即使看似賣力，卻難掩成效不彰，升遷自然無望，反倒落得「能力平庸」的評價。畢竟，「裝忙裝忙，最後越裝越忙」，這樣的惡性循環，值得我們每一位職場工作者謹慎三思。

「裝忙」只是現代焦慮的一種表現。我們需要的，也許不是更繁忙的步伐，而是一種「剛剛好就好」的節奏，不必每一件事都做到滿分，保留一些空間給身心休息，也給生活一點餘裕。能掌握八十分的力氣與心情，才是長久而穩定的工作與生活之道。

該忙的時候忙，空閒的時候放輕鬆點，無妨。如果你確實對某份工作感到厭倦，那就換份工作吧！要是將「裝忙」變成自己下意識的習慣，那麼不管做什麼工作，都難以做好。還有，放鬆心情，把工作視為一種興趣，而不是負擔，你就不會那麼累了。

3 總和時間賽跑的人是笨蛋

◆再好的飛毛腿也贏不過時光流轉。

很多人在看完熱門卡通《吉伊卡哇》後，會忍不住感慨：「要是能像吉伊卡哇一樣就好了啊！」甚至有人一邊啃著便利商店的飯糰，一邊認真地說：「我的人生目標，就是變成吉伊卡哇。」

有趣的是，明明故事裡那群小傢伙總是戰戰兢兢、拚命打怪賺錢，為什麼大家卻仍一臉羨慕，還想學他們過日子呢？

原來，這部動畫正好戳中了現代人的心聲。上班、加班、進修、社交，連休息都像排進了行程表，彷彿一旦鬆懈，就會被世界給拋在身後。時間成了唯一的衡量標準，而我們的健康和快樂，卻被悄悄塞進了「日後再說」的抽屜。

《吉伊卡哇》裡的小角色們，雖然有時哭哭啼啼、被生活折騰得七零八落，但他們仍會努力找機會吃個甜甜圈、曬個太陽、跟朋友抱團取暖。那種「雖然不容易，還是要好好過小日子」的態度，正是這個節奏飛快的世界裡，我們最需要記住的一種生活魔法。

走得太快，反而會迷失方向

已經工作四年的亦非，曾經也有過年少輕狂的日子。剛進職場時，她像大多數年輕人一樣，對自己有著很高的期待。某次會議後，她與部門經理一起加班到晚上九點，當疲憊不堪的她正準備關電腦回家休息時，卻被一句：「怎麼這麼沒時間觀念？事情還沒做完就想走？」當場澆了一盆冷水。

從那時起，亦非開始和時間賽跑。她給自己訂下嚴格目標，每天逼迫自己超額完成，並以此為榮。然而，隨著時間的流逝，她的效率反而下滑，身體也漸漸吃不消，即使是假日，她也無法真正放鬆，總是擔心工作進度會受到影響。

最終，亦非的身體狀況亮起了紅燈。長期的工作壓力讓她的頸椎和腰椎出現問題，無法久坐，甚至開始懷疑自己是否還撐得下去。她苦笑著說：「我不知道這次還能不能停下來，真的好累……」

這不禁讓我們反思：當我們一味追求表現、拚命加速時，是否也犧牲了自己最基本的健康與生活品質？而這樣的代價，值得嗎？

據某健康雜誌統計，現在八成以上的白領階級都有輕重不一的腰椎、頸椎疾病。這些病一旦患上，就難以根治，只能透過游泳、瑜珈等適度伸展以舒緩改善病情，而推拿、足療、按摩等也只能暫時緩解症狀。但最根本的改善，還是要從改變生活節奏開始。

健康，真的不是永遠不會流失的資產。看了亦非的這個例子，我們是否該反省一下自己每天的生活狀態呢？我們每天努力生活，但若忘了照顧身體，那一切努力，終究可能白費。

生活不該只是追趕時間的競賽

人生的意義，不應該只是「快、快、再快」。過度追求效率的結果，往往只是讓人陷入疲憊與空虛的循環。正如古代《山海經》中的夸父追日的故事，夸父拚命追逐太陽，結果卻在途中渴死。其實，時間就像太陽一樣，不會因你的急於追趕而有所改變，它總是一分一秒地流逝，無論你怎麼努力，終究追不上它的腳步。

當我們不停地追逐未來、追趕工作時，卻往往忽略了當下的生活。這樣的「追趕」讓我們的身心疲憊不堪，也讓我們與真正的幸福漸行漸遠。其實，幸福從來不是靠追來的，而是懂得在生活裡劃出空間，給自己呼吸的餘裕，給心靈片刻寧靜。

八分的努力，才是剛剛好的人生節奏

人生的精髓，其實在於平衡。在工作和生活中，不對每一件事過度介入、不執著於每一個細節，才能讓自己在繁忙的生活中保持輕鬆自在。我們不需要每件事都做到完美，不需要對每一個細節都過度反應。相反地，學會適時放手，對自己、對周遭的人都能更加寬容，這樣的生活方式，反而能讓我們擁有更多能量，並獲得更持久的滿足。

正如一句話所說：「八分的努力，八分的關注，八分的付出，反而能帶來十分快樂與持久的滿足。」這不僅是職場智慧，更是一種人生的態度。讓我們學會偶爾慢下腳步，減少對一切事物過度反應，不急著證明什麼、不執著結果，才會有更多餘裕去感受世界的溫柔。

別和時間賽跑，學會與自己和解

人生並不長，別把時間當成敵人。與其一味地與時間競賽，不如學著和時間共處，給自己一段緩慢、踏實的節奏。

用八分的努力過生活，不是懶散，而是一種聰明的選擇。一杯熱茶、一段小歇、一場與朋友的閒聊，這些看似微不足道的片刻，其實正是人生最真實的幸福。

在這個高速運轉的世界裡，我們更應學會用八十分的心，去過一個剛剛好的、可長可久的美好生活。

「

霍金說過：「人類是唯一被時間束縛的動物。」是啊，人為什麼總是那麼傻呢？時間本是人所定義出來的概念，卻成為人類束縛自己的鎖鏈？對此，我們何妨做個聰明人，主動解下自己身上的枷鎖，讓生活變得輕鬆一些！

」

4 金錢貪不完，不如少賺一點換得自在

◆最美的風景往往不需遠求，端看自己有沒有用心發現。

讓自己慢下來，生活才會更精彩

久違的春雨輕輕飄落，讓忙碌的人們不得不匆匆停下腳步，躲到路邊的屋簷下避雨，有些人不耐地抱怨著行程被耽誤，心裡默默計算著這場雨帶來的損失。然而，雨並未停歇，就在這片暫時的停頓中，有人突然發現：原來樹影可以這麼斑駁動人，空氣裡竟有股清新微甜的味道，街道像是被洗過一樣乾淨安靜，原本焦躁的心，竟也悄悄沉靜了下來。或許，唯有在生活被迫「按下暫停鍵」的時候，我們才有機會看見那些平常忽略的美好，也才能重新找回內心的平衡。

或許我們該放慢腳步，讓自己擁有更多的空間來體會生活點滴，而不是總是對每件

事過度介入、過度反應。在這個節奏飛快、隨時在線的時代，我們常常感覺自己如同一部機器，總是被外界的各種需求與通知推著走。追趕工作、追趕目標，追趕永遠不夠的時間，卻忘了：偶爾停下來，其實也是一種更聰明的選擇。

我們總說「時間不夠用」，但真實的問題，或許是我們太習慣讓自己沒有空白。生活，不該只是匆忙地趕路，更該是一場處處有風景的旅程。

放下執著，讓自己擁有更多的空間與能量

留法的盧先生在時裝設計界已有十多年的時間，見到他的感覺，就是四個字：氣定神閒。相較於那些整日忙得昏天暗地的同行來說，盧先生的節奏看起來悠然許多。有人好奇問他成功的祕訣，他只是笑笑說：「也沒有什麼竅門啦！只要你捨得放棄一些訂單就好了。」

他從不急著主動拓展業務，而是讓口碑與作品替自己說話。經驗與實力累積之下，多數客戶都會主動上門，將新一季的設計託付給他。這樣的節奏，讓他保有選擇工作的空間，也留給自己更多生活的餘裕。

設計師的工作相對來說時間彈性很大，設計師的工作也有淡旺季之分，當然有些人

對自己的要求很不一樣。「有些人經常一天工作十六個小時，還覺得時間不夠用；不像我，把大把的時間都『浪費』在做自己喜歡的事情上。」他笑著說，眼神卻帶著一種難得的從容。

對他來說，錢雖然重要，卻不是全部。賺錢還不是為了享受？現在放下一些賺錢的機會，多給自己一點享受的時間，他覺得更自在、更坦然。

休息，是為了走得更遠

在這個追求效率與速度的時代，懂得「適時停下來」反而是一種智慧。很多人認為只有不斷地工作，才能賺到更多的錢，然而那些賺得多的人往往也懂得休息。休息不僅讓他們的身體恢復活力，更讓他們的思維清晰、創意源源不絕。

懂得享受閒情的人，能擁有新的想法，制訂新的計畫，採取新的行動，最終他們往往因此得到的比實際付出的多。因為只有當身體與心靈都處於健康的狀態時，我們就能從短暫的時間中獲得大量的精神體力，充分得到應付各種工作問題的能力，也能對生命有正確愉悅的認知。

放過自己，往往不是懶惰，而是一種深思熟慮後的選擇。

放慢腳步，讓自己真正擁有生活

太史公司馬遷曾說：「天下熙熙，皆為利來；天下攘攘，皆為利往。」人們身處在滾滾紅塵之中，無法脫身，為的無非就是名利二字。放眼望去，街上的行人匆匆趕路，每個人都有自己的故事、壓力與目標，或喜、或悲。然而，我們是否曾想過——這一切的奔波，是不是也該有個停靠點？

人生的路走不完，錢也賺不盡。累了，倦了，就停下來歇一歇，給自己一點時間，稍稍放鬆疲憊的心靈，就算是淋了點雨也沒有關係，很快地陽光依然，哪怕衣服濕了，又何妨呢？被春雨洗刷後的天空會更加地晴朗，被春雨洗禮過的心靈也將更加純淨。

想賺錢並不是一件壞事，它會給我們帶來無窮的動力；但更重要的是，我們要懂得如何釋放壓力，學會「如何善待自己」。用平衡的方式生活，用寬容的態度面對自己，才能讓金錢成為支持生活的工具，而不是壓垮身心的枷鎖。

當你願意少賺一點點，換來更多生活的空白，更多心靈的餘裕，那才是真正屬於你的富足。八十分就好，不是因為我們不夠努力，而是因為我們已經懂得分辨：什麼該拚，什麼可以放，什麼才真正值得珍惜。

人生，不一定要滿分才算精彩，有時候，「剛剛好」反而最難能可貴。

看看窗外草木的鮮翠，聞聞空氣中泥土伴隨著植物的清香，此時我們才發現，並不是生活中風景太少，而是我們的腳步過於匆忙，以至於沒能停下腳步欣賞身邊那些隨手可及的景色。所以，何妨暫時停下腳步，將賺錢的精力打個八折，留出兩成的時間來享受生活？當我們疲累厭倦時，停下來用百分之二十的時間看看周圍的風景，然後再背起行囊繼續上路，有了好心情的陪伴，下一站或許有更大的收穫！

5 能賺錢最好，不賺錢也看得開

◆君可見漫天落霞，名利瞬息似霧化。

時間比金錢珍貴，活在當下才是最好的選擇

如果問你世上最珍貴的資源是什麼，相信大多數人會回答「時間」，而不是「金錢」。金錢的確重要，但它總是可以再賺；而時間，一旦錯過就不再回頭。分分秒秒流逝之後，無論多麼懊悔，都無法倒轉。所以真正的富有，從來不是擁有多少金錢，而是能不能好好地活在當下。

然而，我們常把「等我有錢了就……」掛在嘴邊，彷彿幸福必須先經過財富的驗證。可是真的擁有足夠的金錢之後，就能如我們所期待的那樣快樂嗎？其實享受生活，無須倚賴金錢財富，很多時候只需調整自己的心態，讓自己擁有一份平和的心。正如生活中

的很多時刻，我們總是對每件事耿耿於懷，過度執著，卻忘了放鬆一些、不強求、不執著，也許反而更能擁抱人生的美好。

唯有不強求，才能得到真正的快樂

施小姐三年前從外商公司辭職，開始專心經營自己的飾品店，販售她從各地旅行中挖掘來的特色飾品。自己開個小店，本就沒有太大的資本壓力，而且還能自由安排自己的時間，不受限制，做的都是自己喜歡做的事情，平時擺弄擺弄飾品、佈置櫥窗。累了，就出門旅行，順便拓展貨源；想休息，就讓自己徹底放空。這種自由、隨性而不失秩序的節奏，讓她活得既踏實又開心。

本身施小姐自己就是一個別具品味的小女人，她也希望自己淘回來的東西能夠跟喜歡它的人一起分享，所以很用心地經營她的小店，所有的飾品都是自己親手搭配後擺放在櫥窗裡展示給人看的。

而且她的心態也非常隨意：「能賺錢最好，就算不賺錢，每天看著這些自己喜歡的飾品被懂得欣賞的同好挑選珍惜，也是件開心的事兒。」

也許正是這種不過度追求的心態，讓她反而收穫了更多。經過一兩年的經營，她的小店不僅有了穩定的顧客群，營業額也漸漸上升。她既擁有收入，又保有自由，生活得從容而快樂。

理解金錢的真正意義，生活才能活出質感

金錢固然很重要，但它不是生活的全部。我們都需要金錢來維持基本生活，但它並不是衡量人生價值的唯一標準，我們應該學會如何避免對金錢過度依賴。金錢是工具，是手段，不該成為我們的全部目標。真正重要的是感受到幸福，真正的幸福來自於每天的美好時光，唯有學會享受生活、享受當下，才是最明智的選擇。

若我們過於汲汲營營在追求金錢，往往會感到疲憊不堪，失去了生活的輕鬆與自在。反之，若能放下對金錢的過度執著，我們便能擁有更多的時間來體驗生命的美好，讓時間增值，讓心情變好，與家人、朋友共同分享更多的快樂，這樣的生活才能充實且長久。

放下執著，能帶來更大的收穫

有人會擔心：不那麼在乎，是不是太消極了？是不是會一事無成？其實，並不是要你什麼都不在乎，而是強調不論在乎什麼都應該不要過度執著。當我們對金錢、對成就、

對外界的期望過於執著，反而會讓自己陷入焦慮與疲累之中，無法享受生活的美好。生活品質的好壞，並非取決於擁有多少財富，而是在我們看待每一天的心態，如何用八分努力，從容的享受那份心安與滿足。

賺錢本身並不是壞事，財務上的安全感可以帶來穩定的基礎。但我們需要知道何時該全力以赴，也要知道何時該適可而止。能放手，才是真正的自由。當我們不再被金錢的數字牽著走，不再以成敗來評價人生，就會發現：其實，我們早已擁有幸福的能力，只是過去太過匆忙，沒來得及察覺而已。

對於金錢，我們不妨採取八分的態度，看開一點，有也好，沒有也無所謂！《浪子心聲》裡面唱得好：「命裡有時終須有，命裡無時莫強求。」人是萬物之靈，要有萬物之靈的樣子，不要學那無知的井底之蛙，空得意、目光如麻，卻不想金屋瞬間就變成了敗瓦。放下物欲，讓一切順其自然，我們終究會發現，生活還有很多比錢更美好的東西。

6 遠離急躁，停下來欣賞花開花落

◆生命就是應該浪費在美好的事物上。

在這個節奏快得像咖啡機連續出杯的社會裡，我們每天都在追趕時間，努力地向前衝刺。收入、社會地位、聲望、車子、房子、婚姻，這些幾乎成了衡量一個人成功與否的標準，彷彿少了哪一樣，人生就不完整。在這樣的氛圍中，「要快！要快！」成了我們的生活常態。我們追著時間跑，把每一天塞得滿滿當當，深怕落後、怕被看輕、怕錯過機會。

但忙碌，不等於成功；走得快，也不代表走得對。過度的執著和不斷的奔波，往往讓我們感到身心俱疲，卻依然無法感受到真正的快樂。根據二〇二四年一項消費者指數報告指出，高達百分之九十四的受訪者表示對生活成本感到壓力；近百分之八十九的人對氣候變遷感到憂慮。此外，根據《健康2.0》的「二〇二四職場健康大調查」指出，百分之四十五．五的上班族對未來退休生活感到焦慮，百分之五十六．六的人認為企業不夠重視員工健康檢查，對檢康檢查提供的補助不足。這樣的生活方式，似乎已經讓我們忘記了最重要的事情：最該珍惜的，不是擁有了多少，而是自己還剩下多少力氣與餘裕，能好好過日子。

停下來，聆聽自己內心的聲音

英國著名的時間管理專家格斯勒曾說：「我們正處在一個把健康變賣給時間和壓力的時代。」在人們追求物質和成功的過程中，似乎總將健康和幸福放在次要的位置。忙碌的工作和高壓的生活常常讓我們忽視了自己內心的需求，甚至不再關心身體的警告。

然而，生命有其自然的節奏，唯有給自己足夠的空間，讓身心有時間休息與調整，才能保持長期的健康與幸福。如果我們過度關注追求外在欲望，讓每件事都成為自己的壓力負擔，那麼我們所付出的努力和時間，最終只會變成對自我的傷害。

知名音樂人約翰・藍儂說過一句話：「當我們正在為生活疲於奔命的時候，生活已離我們而去。」生命其實有它該有的節奏，當我們一味壓縮時間、犧牲睡眠、忽略情緒，總有一天會發現：所謂的「努力」，不該是以耗損自己為代價。

其實，最簡單的幸福往往來自於最基本的平衡：工作、生活、休息，三者各佔一部分，就像天秤，偏了，就得付出代價。而健康，就是那筆無法賒帳的帳單。

慢活，並不是偷懶的高級藉口

現代人的生活步調與大自然的節奏背道而馳。日復一日的加班、忙碌的通勤、永遠無止境的待辦事項，讓我們與家人、朋友的交流變得疏離，錯失了享受當下的美好時光。作家米蘭・昆德拉曾經感嘆：「慢的樂趣怎麼失傳了？」這個時代太匆忙了，匆忙到我們連細看一朵花綻放的時間都沒有。可真正的生活，不該只剩效率與結果。

但正是這樣的「慢」讓人們開始重新思考生活的意義。當我們放下對速度的執著，選擇「慢活」，我們才真正回歸了生命的本質。無論是與家人共度的時光，還是靜靜地享受一場旅程，這些簡單純粹的當下，才是生活最真實的快樂所在。

「慢活」（Slow Living）這個詞，早在一九八九年就被一群義大利老饕喊出來了。當年，他們只是想抗議美式速食大舉入侵——畢竟，連拿破崙都攻不下來的地方，怎麼能讓一個雙層牛肉堡輕鬆占領？結果，慢慢地，「慢活」從餐桌蔓延成一場全球運動，變成了新興的生活時尚。現在世界各地有慢餐廳、慢學校、慢城市，甚至還有個聽起來超級佛系的「放慢時間協會」。這個協會已經在全球吸引了七百多個夥伴，他們齊聲高呼：「為每個人創造時間，讓每個人都有時間！」

在這股慢慢滾大的浪潮裡，越來越多人開始對生活按下暫停鍵，不再強迫自己加班、不再犧牲與家人的晚餐時光。他們花時間去健身、去旅行、去看演唱會，甚至乾脆什麼都不做，只是靜靜發呆、刷刷短影片、寫寫筆記、泡一壺茶，讓時間在手心裡慢慢流動。這些看似無所事事的片刻，其實正是我們重新與自己連結的機會。因為唯有慢下來，我們才終於有空聽見內心的聲音、看見生活的細節、體會那些微不足道卻讓人微笑的瞬間。

「慢活」不是懶惰，而是一種溫柔而堅定的自救方式。因為我們終於明白，生活從來不是比誰跑得快，而是誰能停下來，好好感受花開的聲音、夕陽的餘暉，以及與自己相處的寧靜。

人生最難的修行，不是奮力前行，而是敢於按下暫停鍵。

工作是我們生存的基礎與保障，由於我們每個人都只有一年三百六十五天，一天二十四個小時，所以我們常常加快節奏；但換個角度想：我們工作不還是為了生活嗎？正因為我們每個人都只有一年三百六十五天，一天二十四個小時，所以我們不是更該放慢腳步，好好享受這生活的美好嗎？別讓快速的生活節奏影響了我們追求生活幸福的真諦！

7

不怕空白，給自己多些時間養精蓄銳

◆人生之可貴，貴在捨得留白。

從小，師長便告誡我們時間是多麼的珍貴，總提醒著「一寸光陰一寸金，寸金難買寸光陰。」作家林清玄在《和時間賽跑》一書中也提到，當孩子在外婆過世後才明白，逝去的人再也不會回來，所有的事物在時間的長河裡都將無法回頭。因為這樣的思考，讓我們從小就開始和時間賽跑，一心想把每一分每一秒都榨乾，不容許自己有片刻停頓。

然而，這樣的心態卻常使我們的生活感到焦慮不安，彷彿時間總對我們不夠慷慨。無數的教本勸勉人們應善加充分利用時間，甚至將一分鐘當成兩分鐘用，方能取得成功。但我們很少問自己：這樣拚命不留白的日子，真的讓生活變得更好了嗎？

別跟時間競賽，要學會與自己和平共處

《論語》曾記述子貢請教孔子：「願有所息。」孔子回應：「生無所息。」這句話原意是鼓勵人勤奮不懈，但在現代社會卻被過度解讀成「不得休息」，成了無形的壓力綁架。使得現在人在追求事業財富的同時，還經常處於高度的壓力緊張之中。過度的勞累與執著，已成為人們生活的常態，使人忘了生活原本不該如此匆忙。

事實上，人生的大智慧在於學會不對諸事萬物過於執著堅持。給自己保留一點身心喘息的時間空間，這才是對自己最好的投資。應使「生有所息」成為現代生活中的主旋律，暫時放慢腳步，喘口氣、整理自己，就有機會重新整隊再出發，走得更穩、更遠。

請記得，人生不該只是持續奔跑，也需要適時停下來。真正的智慧不是執著，而是適度的放手與讓步。

慢活，讓生活更有深度

著名作家汪曾祺即使在忙碌的寫作之際，仍不忘為生活留下一塊柔軟的空間，欣賞生活的細節。他曾在《葡萄月令》中提到，自己因興趣而種植葡萄，並細心照料每一根藤蔓、每一顆果實。雖然這些看似平凡的日常，卻使他在繁忙的寫作之餘，找到了屬於

自己的節奏。他的生活態度告訴我們，人生不必急功近利，而是應該慢慢走，邊走邊欣賞，讓生活的步伐回歸自然。

我們總以為時間的空白是一種懈怠，實則不然。空白，是休息、是沉澱、是內在重組的過程，是讓自己有力氣再出發的關鍵時刻。

不妨試著每天留一點時間給自己，哪怕只是發呆、散步、泡壺茶、寫幾句沒人會看的筆記……，這些看似無用的時光，其實正是在為心靈充電。當我們願意為自己保留這些緩衝的空間，生命便不再只是線性前進，而能擁有更多自由轉彎、甚至回頭欣賞沿途風景的可能。

別怕空白，它從來不是失敗的象徵，而是滋養生活的養分。

空白的時光，才是靈魂真正長出來的地方。以《鐵達尼號》一片崛起成名的英國女演員凱特・溫斯蕾被譽為「英倫玫瑰」。因本片聲名大噪，眾多電影公司也紛紛向她拋出橄欖枝。忙碌的生活讓她幾乎忘了睡眠，累到自己產生了心靈層面的「瓶頸」。於是她決定給自己暫時放個假，於影視圈急流勇退，專心調整自我，重回生活軌道。經過一段時日的沉澱後，她變得更有魅力了。幾年後復出的她超越了自我，憑藉《為愛朗讀》一舉獲得奧斯卡影后殊榮，所以，誰說人生不值得偷閒呢？

8 讓靈魂，跟上你的腳步

◆忙是一種能力，而在忙裡偷閒則是一種素養。

中國作家王石的自傳《讓靈魂跟上腳步》曾引起廣泛共鳴。這不僅是一本遊記，更像是一段與自己對話的心靈旅程。他花了一年多的時間，重返當年玄奘西天取經的路線，沿途的所見所聞、所思所想，構成了一段極為真摯的精神筆記。

書中作者穿梭於歷史與現實，勾勒出行走中的物換星移與內心沉思。書中最令人動容的一句話，正是那個書名本身：「讓靈魂跟上腳步。」在這個急速飛奔、競爭激烈的時代，它像一聲溫柔卻清晰的提醒：你，在匆匆前行的路上，是否還記得帶上自己的靈魂？

據說這句話源自於義大利電影《雲端的日子》。片中，一位富人雇工人將物資從山腳下搬到山頂，途中工人們忽然停下腳步，不再前行。富人急了，連聲催促，但工人們只是靜靜地休息了好一陣子，才繼續動身行走。

富人不解地問：「你們剛才為何不走了？」

他們回答：「剛才走得太快，把靈魂落在後面了。」

這段話，令人莞爾，也引人深思。王石也在書中寫道：「我們的社會、企業，甚至是自己，都在高速發展中狂奔；腳步實在太快了，使靈魂來不及跟上，於是整個社會都變得浮躁不安。」

靈魂之旅的第一步，是學會放慢

當我們的腳步不停地向前衝刺，我們的靈魂是否也還在同一條路上？還是早已遠遠落後，被我們遺忘在塵土飛揚的過去？我們該如何讓靈魂與腳步同行？答案從不是「更快」，而是「更慢」。真正的轉變，不在於推動靈魂奔跑，而是學會靜下來，聽見靈魂的聲音。

這段話道出了本書的主旨。然而，我們該如何讓靈魂跟得上腳步呢？

第一點，是加深靈魂的感知力。生活中，我們習慣於反應，卻缺乏反省；忙於計畫，卻忽略體察。古人云：「一日三省吾身。」這不只是修身的格言，更是一種對自我深層關照的智慧。據說，比爾‧蓋茲每年會為自己安排一週「深度思考時間」，不與外界聯繫，只與自己對話。我們也許無法仿效他的生活節奏，但不妨每天晚上，關上手機，關上世界，簡單問自己幾個問題：今天的我，是不是更接近我想成為的人？有沒有哪個情緒，是我還沒理解清楚的？這些反思，會像燈塔一樣，慢慢引導靈魂靠岸。

第二點，我們應放慢生活的步調。在生活中，我們應放下負擔，放下面子，放下繁忙，放下功利，放下我們該放下的，去欣賞曾經被忽視和淡忘的美好，讓心靈得到舒展。這，就是給靈魂一個喘息的機會。

我們總以為放慢了腳步，就會被這個世界拋在後頭。然而事實卻正好相反：當你願意放下過度介入的執念，收回對萬事萬物的過度反應，你會發現，真正重要的東西其實不多，而真正珍貴的，從來都不是你追逐而來，而是你靜下來、停下來時才會出現的。

從「窮忙」到「清閒」的轉變，是一種智慧

在這個總以「忙碌」為榮的時代，許多人將「忙」視為自己有價值的證明，彷彿只有拚命趕路，才能證明自己不被淘汰。然而，越是匆忙，越容易失去方向。一個沒有靈魂指引的腳步，再快，也走不出美麗；一個過度牽扯的生命，最終只會將自己耗損殆盡。

人們常說：「由閒入忙不難，由忙入閒卻不易」，因為放慢，並不是放棄；選擇不執著，不代表不努力，而是一種內斂的節制，一種不被外界牽著走的自信。

當我們學會不必對每一場聚會、每一個話題、每一項任務都一一回應，學會不需要討好每一個人、每件事都完美，靈魂才會輕盈起來。這時，你會發現，不做反應，不等於冷漠；不去掌控，不等於失敗；適度的放手，才是最高明的智慧。

真正的成熟，是學會「留白」

「吾十有五而志於學，三十而立，四十不惑，五十知天命……」這不僅是孔子對生命階段的描述，也是一種心靈沉澱的旅程。

倘若一個人心裡立不起來，那麼即使年歲已高，也仍在盲目奔波。真正的「立」不在於財富地位，而在於心的安穩與靈魂的輕盈。當一個人學會給自己留白，不過度佔滿生活、不填滿行程，不執著於得失，生活才會開始有節奏，有呼吸，有意義。

人生最美的節奏，是剛剛好

不疾不徐，是最溫柔的力量。不過度介入、不過度反應，保留一些空白的時間與空間，才能讓靈魂呼吸，讓生命真正盛開。八分的關注與努力，已經足夠；剩下的兩分，請留給生活的詩意與靈魂的對話。留一點時間看天光雲影，留一點空間與朋友長談，留一點餘裕給自己的靜默與感受。那些被我們視為「無用」的時間，往往才是最有價值的。

當我們學會不被每件事綁架，靈魂才能真正輕盈起來。讓靈魂指引腳步，賦予內心生命的力量。這樣的追求不再是為了滿足，忙碌也不再是為了生計，腳步不再為了急趕。即使我們的生活沒能博得別人的喝采，但內心多了一份優雅，又何嘗不是一種福氣？

第 2 章

人生打八折，反而比較美

1 十全十美的生活，其實對人生有害

◆當我們苛求完美，就已落入不完美的陷阱了。

凡事追求十全十美，其實是一件既辛苦又徒勞的事。因為這個世界從來就不是完美的：過去不是，現在不是，將來也不會是。

世界本就是帶著缺口和縫隙展現在我們面前，而它真正動人的地方，恰恰也藏在那份不完美之中。就像破碎的陶罐能修成金繼、滄桑的臉龐藏著歲月的故事，真正的美，不是完美無缺，而是瑕不掩瑜。

人若事事強求完美，只是給自己找麻煩。這樣的執著，最後困住的不是外界的評價，而是自己的心。

所謂「金無足赤，人無完人」，真正的成熟，不是讓一切都無懈可擊，而是懂得什麼該放手、什麼可保留遺憾。尤其是剛踏入社會的年輕人，更無須事事追求滿分表現。

反而，收斂鋒芒、適度展現八分的自己，往往更能顯現出從容與深度。適度留白，不只讓人看見你的能力，更能感受到你的坦然與真誠。

完美的執念，其實是種風險

許多悲劇，往往來自一種對「十全十美」的過度執念。人們總以為，只有選到最好的、做到最完美，才能無憾。卻忘了：每一個真實的選擇，其實都是通往圓滿的開始。

十全十美不是一個結果，而是一段「不斷進步趨近完美」的過程。真正的圓滿，不是一次就做到最好，而在於願意走在進步的路上，不急不躁，一步一步地靠近理想。不要讓完美主義，成為完成事情的障礙。

若一個人總想等到狀態最好才出發，那麼他可能一輩子都無法起步；若只想交出滿分作品，最終很可能空白收場。正如那句經典所言：完成，比完美更重要。

讓我們來聽聽這個故事：

一位即將圓寂的老和尚，想從兩個徒弟中選一個作為衣缽傳人。

有一天，老和尚把徒弟們叫到他的面前，對他們說：「你們出去為我找一片最完美的樹葉。」

不久，大弟子回來了，遞上了一片看似並不特別的樹葉。他說：「這片樹葉雖不完美，但它是我所看到最完美的樹葉。」

二弟子在外徘徊了許久，最終空手而歸。他低著頭說：「我找了很久，看到太多樹葉，但總覺得它們還不夠完美，所以……我沒帶回來。」

老和尚微笑點頭，最後把衣缽傳給了那位交出「八分完美」葉子的弟子。

這不就是我們常陷入的迷思嗎？總想要等到最好的一刻、最好的狀態才行動，結果一事無成，空手而歸。人生其實不是找出最好的答案，而是願意在當下，交出那片你認為已經足夠好的葉子，然後繼續走下去。

當你願意不把每一步都走滿，不把每一事都做滿，你會發現：原來「不完美」，才是人生最圓滿的模樣。留一點空隙，才容得下變化；保留些許不足，才有繼續努力的方向。那些你以為的缺憾，或許正是未來最美的轉機。

「揀一片最完美的樹葉」就像我們對完美的態度，人們的

初衷總是美好的，但是如果不切合實際地一味尋尋覓覓，只會吃盡苦頭，直到最後才明白：為了尋求一片最完美的樹葉而失去許多機會是多麼的得不償失。況且，人生中最完美的樹葉又有多少呢？世間的許多悲劇，正是因為一些人熱衷於追求虛無縹緲的最完美樹葉，而忽視平淡的生活。

2 別做被責任感驅使的陀螺

◆對自己負責，就已經是對天下負責了。

在我們的生活裡，總有那麼一些「超能幹」的人。他們心思細膩且周到、責任心重、愛幫忙，手腳快到讓人以為他們背後藏了三個小精靈。他們不允許自己落後，更受不了被誤解或指責。一旦事情的結果跟付出的心力不對等，內心立刻像掀起海嘯，湧出一波又一波的愧疚、自責和懷疑人生。這樣的人，往往是團隊的超級隊長，是朋友群裡的定心丸，是大家的救火隊和許願池。

但問題是：他們自己快樂嗎？

被責任感綁架的人生，只會榨乾你的能量

根據勞動部的「勞工生活及就業狀況調查」，超過百分之四十四的受僱者有過勞傾

向，其中又以三十到四十九歲的族群最為明顯。也難怪，這個年紀的職場工作者，正面臨職涯高壓期，不是在創業的路上摔跤，就是在公司裡被KPI追著跑；不是在承擔團隊的重擔，就是在收拾下屬的殘局。人生如同一場「邊加班邊滅火」的馬拉松，只是起跑了十年，終點卻仍遙不可及。這些人原本應該擁有的界線，早已被責任感一點一滴擦掉。他們為了很多其實不該自己扛的責任拚了命，到頭來換來的，卻往往只是「身心俱疲」這四個字。

有時候，真正讓人疲憊的，不是工作量太多，而是我們不懂得適可而止、放下本不屬於自己的責任。對每一件事都過度介入、每一個人都過度關心，結果只會讓自己離幸福越來越遠。

這讓人想起一個發人深省的故事。

在一座寺廟裡，負責打掃藏經閣的空海小沙彌比其他的師兄弟們都還要聰明能幹。有的時候，他負責的書櫃打掃整理完了，他便主動去幫助其他師兄弟，當書櫃都打掃完了，他就開始打掃樓梯和庭院。

時間久了，他也就習慣在自己份內的工作完成後，把原本不屬於他的責任攬在肩上，並把打掃樓梯和庭院視同自己分內的事。而其他師兄弟在他的幫忙之下，因此空出時間，開始靜心閱讀藏經、思考佛法。

幾年後，寺廟開始選取資質好、精通佛法的小沙彌進入達摩院研習。而進入達摩院意味著有一天可能會成為正式的和尚、方丈，甚至是住持。而負責打掃藏經閣的小沙彌自然是最有機會入選的人，因為他們有地利之便，可以隨意地閱讀藏經閣中的佛法。

最後的結果也正是這樣，幾乎所有打掃藏經閣的小沙彌全部入選達摩院研習，只有一個人例外，就是空海。因為當大家在讀經參悟時，他還在忙著打掃整座寺廟。

這個故事像一記溫柔的提醒：人生，不該總是「做得多」就等於「收穫多」。當你總是在別人的責任裡耗盡力氣，也就錯過了真正屬於你自己的成長與機會。

我們不必對每件事都反應、不必對每個人都負責。真正成熟的人，知道什麼時候該接手，也知道什麼時候該抽身。放下過度執著的責任感，是給自己一份內心的寧靜。放下那些不屬於自己的工作，不只能免於擔心幫忙不成反誤事，更是讓自己的能量能用在真正重要的地方。當我們不再讓責任感驅使自己成為陀螺，旋轉不停；而是學會適時停下、適時說「夠了」，那麼，我們才能活出從容自在的節奏。因為：「工作再忙心不忙，生活再苦心不累」，才是最健康的狀態。

做人固然要有責任心，我們這個星球上許多偉人都是具有高度責任心的人。但適當地抑制責任心，並不是不負責任的表現，有時候恰恰是為了擔負起更長遠、更重大的責任而為之。願你不再被責任感推著走，而是選擇自己真正想承擔的方向。

3

自己若非無暇，何苦強求情人完美？

◆挑剔他人者，其實已經先輸了自己。

「敗犬」一詞，聽起來像是什麼落水狗，但事實上，這群所謂的「情剩」，一個個都是白天穿高跟鞋走進會議室，晚上擦口紅跟自己喝酒的狠角色。

她們多半是二十五到三十五歲之間，學歷好，薪水高，外貌不俗，話題涵蓋時事熱點與精品時尚。但偏偏未婚。於是世界開始焦慮：咦？這麼優秀的女人怎麼還單身？

其實很簡單。因為她們不想「將就」，只想「匹配」。

一位以「尋找終身伴侶」署名的徵婚女子曾說，如果對方月薪不到八萬，學歷低於博士，在台北沒車沒房，那麼，不用排隊，請直接左轉離場。

她自認不是公主病，只是看清了現實：以她自己碩士學歷、月入五萬的條件，若無法比現在活得更好，有必要進入婚姻嗎？

曾經，她也試著不設限地與人交往。但結果不是對方感到自卑，就是她覺得對方話不投機。她不是妄想飛上枝頭當鳳凰，只是心裡有個疑問：「我努力了這麼多年，總不能最後隨便找個人湊合吧？」

但別忘了，婚姻的本質是尋找一位人生搭檔，不是挑選精品配件。當你挑到最後，發現所有的男人都不完美，會不會才忽然驚覺，自己其實也不是什麼完美情人？

幸福不是篩選條件，而是互補的默契

我想起一個真實的故事：在市場裡，有一對賣菜的夫妻，妻子半身癱瘓，只能坐在丈夫蹬的三輪車上，而丈夫是個聾啞人士，沒有辦法和人正常交流。但這樣一對殘疾夫妻卻每天都帶著笑容，彷彿有種旁人難以理解的幸福。

有人覺得不解，便問這位妻子：「你們身上都有各自的不便，卻每天笑嘻嘻的比常人都開心，為什麼呢？難道從來沒有互相埋怨嗎？」

妻子坦然地回答：「正是因為我們了解彼此的缺陷，所以更明白彼此對自己的重要性！如果沒有他，我連最簡單的體力活都做不了；而他若沒有我，連與人討價還價都做不到。我們在一起才完整，就算偶爾有點不開心，但第二天早上推車出來時，一切就都煙消雲散了。」

人的智慧，來自於看見自己的不完美；而幸福的婚姻，則來自於兩人能互補，願意包容。這對身體殘缺的夫妻能幸福，在於他們不但能認清自己的缺陷，又同時能互相包容彼此的缺陷。而反觀在我們這些自認優秀的人身上，又有多少人能正視自己的缺陷，同時包容伴侶的缺點呢？

你不是在等完美情人，而是在錯過剛剛好的人

你以為自己在等理想情人，事實上卻錯過了能陪你一起掃落葉、熬夜加班、大半夜一起買鹹酥雞的人。說到底，看條件談戀愛不是錯，錯的是當愛情來了，你還在翻對方的學歷證書；錯的是當感情有了裂縫，你第一個想的是「這不符我原本的計畫」，而不是優先設想怎麼修復彼此的關係。

談情說愛不是篩選履歷，更不是企業面試。最讓人擔心的是，當兩人的關係因磨合出現摩擦時，若沒有足夠的情感支撐、潤滑、包容，只一味地執著於理性的計較，那麼即使兩人「條件匹配」，也容易走向疏離。

如果你總在等那個剛好有房、有車、有腹肌又有文筆的完美情人，那麼奉勸你從小

說裡找吧！現實生活裡的那個 Mr.Right，可能並不完美，但他會在你難過時哄你笑，在你孤單時靜靜陪伴。

真正的幸福，不是一百分的完美，而是兩個人願意一起過八十分的生活——剛剛好，就很好。

當我們為另一半的標準設限時，可曾想過，自己同樣可能在對方的條件之外？如果我們在與異性交往的過程中，總因對方的小問題吹毛求疵，反觀自己若好不容易遇上意中人，卻被對方以相同的態度放大檢視自己的缺點，自己又作何感想呢？唯有學會將心比心，才能讓自己的感情路走得更加順遂。

4 偶而對自己說「差不多」就行了

◆聰明人懂得為自己保留應付明天的力氣。

有時，我們總把自己逼得太緊，總想把工作做到無懈可擊，總覺得「完美」才配得上我們的努力。所以，你會看到這些「拚命三郎」們，為達到某種超越自己極限的標準，犧牲睡眠、放棄陪伴家人，甚至會忘了吃飯、忽略身體的警訊。但這一切真的值得嗎？

結局多半是因為你的一個不小心，過了頭的努力反而變成了負擔，還不如悠哉自得的過日子來得輕鬆。這不是空談，這是胡先生親身給我們上了生動的一課。

「過度投入」反讓人生失衡

胡先生是某家私人企業的高階人才，能力強到號稱是全公司人脈最廣的核心人物。他對公司每個位置、每個流程瞭如指掌，腦袋比誰都清楚，想法也超有創意。但有個小問題——他對老闆的崇拜，除了工作層面，還包括生活，不但跟著老闆出差、聚會，連週末都還相依為命，家庭早就成了他生活拼圖裡遺漏的那部分。

是他親手為自己造就了「超級英雄」的危機局面——超級努力，超級厲害，卻一個不小心，使自己陷入無法跳脫的困境。只要他想繼續扮演這個角色，與家人相處和工作之間想取得平衡就難如登天，畢竟「總要有些犧牲」，不是嗎？但結果呢？他經常忘記接孩子，忘了太太交代的日常小事，親子間逐漸疏離，夫妻之間無話可說，關係越來越緊張。

你以為他這麼努力，升遷之路定會一帆風順吧？不，完全不是這樣！他在公司待了好幾年，卻歷經七、八次調動，每次剛穩定下來，又被派去新的任務；眼看應該直升高層，卻總像走進一個無止境的迷宮，只是不斷輪替，始終看不到出口。

最後，他甚至被調到一位部門經理手下工作，待遇不變、職級卻往下掉……對，這就是他所謂「打拚多年的結果」。他真是百思不得其解，為什麼自己一心一意為公司奮鬥，結果卻走到這步田地？

他忍不住問了老闆，為什麼會這樣？沒想到老闆只淡淡地說：「胡先生，你和我們關係太近了，太親密了。你幫我處理了很多不該你處理的事情，這使得公司的管理結構變得非常混亂。」

這番話，讓他如夢初醒。他終於明白，自己像是那種在大家面前過於「熱情」的朋友，結果每個人都把他視為「有求必應的萬事通」，連公司內部的權力關係都被打亂了。他做得越多，模糊了職責與界線。他本想靠完美表現讓自己閃閃發亮，沒想到反而成了組織中的障礙。

過猶不及，不如剛剛好

這讓人不禁想起那句老話：「過猶不及」。就像一匹奔馳的馬匹，當你不懂得如何駕馭，不知道何時該放鬆韁繩、何時拉緊，再好的馬也可能失控。顏回當年就曾經點破這點，東野畢駕駛的馬再快再強，最終因為沒照顧到馬兒的感受，使牠逃跑了。這告訴了我們一個道理：理想的人生無須過度奮進，而是要找到那個「剛剛好」的平衡點。

面對人生，我們總覺得必須全力以赴才不枉此生，但其實，有時必須學會適度放手，給自己一點空間；不管是工作，還是家庭，在努力之餘保有底線，反而能讓你走得更遠，活得更自在。

在你加班趕稿時，是否曾激勵自己：「再加把勁！我可以的。」在你熬夜苦讀時，是否也曾以「今天的努力是明天的成功」來說服自己持續付出？但你是否想過，明天的成功是否可以換回今天的身體。當你以犧牲健康、犧牲家庭幸福為代價努力工作時，其實更該想想，自己做得是否已經夠好了？是不是應該適可而止了呢？

5

人生的圓滿得眼裡能容得下細沙

◆「包容力」，就是你的超能力。

你可曾感到自己特別正直、有原則，彷彿周邊的人總是輕率行事，讓你忍不住跳出來糾正，甚至可能被冠上「正義魔人」的帽子？是的，當你在場，原本輕鬆的氛圍瞬間變得像開會一樣嚴肅，讓人直冒冷汗。

等一等！先暫停一下想想。在職場或生活中混得如魚得水的，其實不見得是那些工作能力最強的人，而是能海納百川、不拘小節的人。你可能會想：「怎麼會？難道不是越完美越好嗎？」其實啊，人人都有可能不小心犯錯，何不換個角度，寬容一些，給自己和對方更多空間呢？

寬容，是生活中最柔軟的力量

如果我們能時時擁有一顆寬容他人的心，生活中會出現多少意想不到的溫暖與感動，真的超乎想像！

舉個例子：有一位病重的老太太，臨終前把一個盒子交給了她的老伴。老頭子一直對盒子裡的東西充滿好奇——他總覺得裡面必然藏了個了不起的祕密，畢竟老太太從來不讓他打開盒子。

有一天，老太太終於鬆口：「你不是一直想知道裡面有什麼嗎？那你就打開吧！」老頭子興奮地打開盒子，裡面竟然是一萬塊錢和一條尚未完成的圍巾。老頭子疑惑不解，老太太虛弱微笑回應：「從小我的脾氣就不好，總是容易發火。媽媽告誡我得學會容忍。嫁給你之後，每當我對你的做法不滿，滿肚子火時，就會編織圍巾作為發泄。那一萬塊錢是我賣圍巾所賺來的，這半條圍巾正是我還沒編完的作品，你現在明白為什麼我不讓你打開盒子了吧？」

這時，老頭子才恍然大悟：其實老太太這麼多年來，並不是從未對自己發過火。

說到這裡，讓我想起一句古話：「水至清則無魚，人至察則無徒。」即使是夫妻長時間相處，也要懂得互相包容。如果你希望事業有成，那麼在人際關係上一定不能太計較，要學會將眼光放長遠，學會容忍他人。眼裡能容得下沙子，心中自然就能成大事。

最難放下的，其實是對自己的執念

再來，我們該包容的不只是別人，還包括自己。

很多人都不自覺地犯了一個錯誤，叫做「自我偏執」。沒錯，擁有自己的想法固然是好，但若你一味堅持自己過去的想法，總是與自己較勁，卻忘了享受身邊已經擁有的幸福，這其實是不智的做法；更別說，有時我們所堅持的執念根本沒有必要？為什麼不試著放下那些固執，讓自己過得輕鬆一點呢？

讓我們看看這則寓言故事。古希臘有位年老體衰的國王，決定從三個王子中選一個繼承王位。國王下令命大臣在一條兩旁有水的大道中央放下一塊巨石。任何想要途經此道的人，都可以選擇繞道而行（雖然這樣很麻煩），或者從石頭上爬過去（可是石頭很滑），或者也能把石頭推開（但誰有這麼大力氣呢？）

三個王子依次通過這條路，完成了任務。國王問他們：「你們是怎麼經過那塊大石頭的？」

大王子說：「我選擇了划船經過大石。」

二王子說：「我游泳經過大石。」

小王子則笑著說：「我直接跑過去啦！」

「怎麼可能！你怎能不被石頭擋住呢？」大王子和二王子驚訝地問。

小王子淡定地回答：「我試著推了大石頭一下，它就滾進水裡去了。」

原來，這塊看似巨大的障礙，其實是國王和大臣用輕巧的材料偽裝的。勇於嘗試排除障礙的小王子，最終成了新任國王。

你看，有時我們的固執就像是一塊大石頭，明明只是看起來很難越過，但如果我們能勇於一試，放下先入為主「不可能」的心態，或許就能輕鬆跨越障礙。

在通往幸福的路上，其實沒有什麼真正阻擋我們，真正的障礙，往往來自我們自己。

走在成功途中的人們往往容易自我設限，無論是跟自己較勁或者是挑剔他人。即使出於無心，這種心態也必然會影響我們獲得成功。事實上，想得到成功，勢必得衝破局限自己信念的牢籠，這樣最終才能實現我們的夢想與希望。

6 留白，也是一種剛剛好的美麗

◆有些時候，我們所以為的失去，會為我們帶來更多收穫。

人生中難免會遇到一些錯過與失去。面對這些遺憾，如果我們只是不斷懊悔，那麼遺憾終究只會是遺憾。

就像我們原本打算去爬山，卻不巧下起了一陣大雨；這時，我們該懊惱計畫落空，還是慶幸雨後能採到鮮菇的驚喜？人生總是充滿變數，沒有什麼是絕對照計畫走的。

美滿人生不等於滿分人生

心想事成是人的天性，誰都希望生活處處有收穫。但是，有時這樣的理想反而成了陷阱，讓人困在「非得完美不可」的壓力裡。

因為，人生在世不可能事事順心，難免要遇上艱難險阻。真實的生活畢竟不是只有鮮花和陽光，也會有荊棘，有烏雲。我們固然會有收穫，也會有所失去。當得到時，我們充滿喜悅；而面對失去時，又能否轉個念消化這份失落感，從中得到啟發？

有個國王有七個女兒，這七位美麗的公主是這個王國的驕傲。她們各自擁有一頭遠近馳名的黑亮長髮。為此，國王送給了她們每人一百個漂亮的髮夾。

有天早上大公主醒來，一如往常地用髮夾整理她的秀髮，卻發現髮夾少了一個，於是她偷偷地到二公主房裡，拿走了一個髮夾。

二公主發現少了一個髮夾，便到三公主房裡拿走一個髮夾；三公主發現少了一個髮夾，也偷偷拿走四公主的一個髮夾；四公主如法炮製，拿走了五公主的髮夾；五公主一樣拿走六公主的髮夾；六公主只好拿走七公主的髮夾。

於是，七公主的髮夾只剩下九十九個。

沒多久，鄰國有一位英俊的王子忽然來到皇宮，他對國王說：「昨天我養的百靈鳥叼回了一個髮夾，我想這一定是屬於某位公主的，不曉得是哪位公主掉了髮夾？」

公主們聞言心裡都在吶喊：「是我掉的，是我掉的。」可是她們頭上明明完整地別著一百個髮夾，所以只能懊惱，卻說不出話來。

只見七公主走了出來說道：「是我掉了一個髮夾。」話才說完，一頭漂亮的長髮因為少了一個髮夾，全部披散開。王子不由得看呆了。

故事的結局，當然是王子與公主從此一起過著幸福快樂的日子。

小公主因為遺失了一個髮夾，使得一頭耀眼的黑髮無法紮牢，飄散開來，但她也因此得到一個英俊的丈夫。這雖是童話，但生活中又何嘗不是如此？那些我們以為的「損失」，說不定正是通往美好生活的起點。

印度偉大的哲學詩人泰戈爾曾說過：「如果你因錯過了太陽而哭泣，那麼你也將錯過星星。」有些遺憾，不值得我們耿耿於懷、時時掛心。生命之所以有趣，正是在於誰也不知道當下所見的好與壞，究竟是否就是最終的結果。

7 給自己留一點進步的空間

◆人生如逆水行舟，不進則退。

你有沒有這樣的經驗：在開始一件事情前，為自己設定了極高的目標，對未來充滿期待？但最終往往事與願違……，希望越大，失望也越大。當我們發現自己根本達不到那樣完美的目標時，心情一落千丈，甚至對自己感到失望與灰心。這樣的情境，是不是有點熟悉？

其實，人生真的不需要追求完美，我們只需要每天進步一點點，給自己一些寬容，這樣不就夠了嗎？每一天進步一點點，才是最實際的做法。沒必要設立那些一輩子都達不到的目標，更沒必要讓自己陷入那種自責和焦慮的無底深淵。那些遙不可及的目標，與其當成壓力，不如當成方向。

快，不一定是對的方向

你一定聽過這句話：「欲速則不達。」聽起來像是一句老生常談，但……這麼多年下來，你真的理解過它的深意嗎？生活中，有不少人用百米衝刺的速度過日子，卻忘了人生其實是一場馬拉松。走太快，不但走不遠，還容易走偏。

有一位禪門弟子日夜參禪，卻始終不得其門而入。終於有一天，他忍不住問師父：「師父，我該如何悟禪？」

師父給了他一個葫蘆和一把鹽道：「把葫蘆裝滿水，再把鹽倒進去，讓它儘快溶化。」

弟子照辦，結果……他滿頭大汗地抱著葫蘆跑回來：「師父，這水太滿了，根本搖不動；葫蘆口又太小，連筷子都無法伸進去攪拌。」

師父微微一笑：「那就倒掉一些水，再搖一搖吧！」

弟子倒掉了一些水，輕輕搖動葫蘆，沒過多久，鹽巴終於順利溶解了。

師父語重心長地說：「用功是好的，但禪修也需要從容，就像那滿水的葫蘆，搖不動也攪不開，該消解的東西怎麼有辦法消解呢？」

是啊，這個道理，不只適用在禪修，也適用在生活。如果我們不給自己留點空間，怎麼能感受到真正的進步呢？如果我們總是塞滿每一分每一秒，為自己設下過高的期望，就像那裝得太滿的葫蘆，反而難以進步、難以轉化壓力。

讓生活慢下來，才會看見真正的自己

再想想看，當你賺得越來越多，你的血壓是不是也隨之升高了？當你從職場菜鳥晉升成資深員工時，黑髮是不是也漸漸被白髮所取代了呢？若回過頭來，才發現自己從來沒有真正休息過，這樣是不是感覺自己越來越像一台永不關機的工作機器？

直到不久後，身體開始向你發出信號，在你頻繁與醫院打交道時，才猛然意識到，自己一直忽略了「健康是一切的本錢」這個事實。

回頭看看那些老生常談的話：「會休息的人才會工作」、「休息是為了走得更遠」，你會發現他們說得真有道理。步步爭先的你，不妨放鬆一下，給自己一點休息的空間，讓生活不再只是拚命向前的奔跑，也是一場剛剛好的旅程。

我們常常會希望每件事都能一步到位，這樣想固然沒錯。可是，一步登天的代價往往是我們承受不起的。在這個錯綜複雜的社會裡，每個人都在自己的道路上辛勤工作，渴望透過努力獲得認可，渴望超越所有人。但若人人都這樣想，我們只會在相互超越的過程中迷失自己，忘了生活的真正意義。真正的生活，其實應該是輕鬆、愉快、舒服的。所以，放慢腳步，給自己一點空間，享受每一次進步，讓生活過得從容一些，不要再把自己逼得太緊了。

8

既然木已成舟，不如順其自然

◆對抗困難的訣竅：「以不變應萬變。」

人生總會出現一些無法預料、也無法挽回的狀況——比如財富的失去、考試的失利，甚至是戀人的離開。當這些事情發生時，我們該怎麼辦呢？難道我們要在那裡不斷懊悔、嘆息，或者自責不已？還是選擇放寬心，接受現實，然後勇敢面對接下來的日子？

財富沒了，我們難道不能再賺嗎？考試沒過，難道我們就注定一輩子和成功無緣嗎？戀人走了，難道這不正好給了我們一個重新遇見真愛的機會嗎？別再執著於那些無法改變的過去不放，放開它，讓事情自然地過去，反而能讓我們迎接更大的收穫。

來聽一個小故事，這發生在巴黎的一場音樂會上。著名的小提琴家歐爾・布里演奏時，突然發現他的小提琴A弦斷了！眼看著成千上萬的觀眾都在屏息聆聽，他當下也沒得選擇——只能繼續演奏，就算剩下三根弦也要把音樂演奏到底。結果呢？整場音樂會竟然比他平時的表現還要出色，完全沒有受到斷弦影響。

最精彩的是，當音樂會結束時，歐爾・布里舉起小提琴，那根斷掉的弦隨風飄動，掌聲雷動，觀眾對他的臨危不亂和高超的技藝致以崇高的敬意。

演出結束後，記者問他怎麼看待這次的突發狀況，他微笑著說了一句話：「這就是人生！當你的A弦斷了，你就只能用剩下的三根弦繼續演奏。」

這句話，正道出人生的真諦：有些事，壞了就是壞了，變了就是變了。我們能做的，是盡力演奏好剩下的每一段旋律。

即使跌倒，也能再站起來

再看看麥吉這位男士的故事，簡直是人生的奇蹟。

這位耶魯大學戲劇學院畢業的英俊小夥子，二十三歲那年因車禍失去了左腿。面對這樣的打擊，他並沒有放棄，而是靠著一條腿成為了世界上跑得最快的獨腿長跑健將。

可是，人生哪那麼順利呢？三十歲時，他又遭遇到一場車禍，這次不僅失去了腿，還使他下肢癱瘓。

這次他真的崩潰了，一度沉淪於毒品與放縱中。但有一天，當他坐在輪椅上，回到那條他曾經跑過的馬拉松賽道旁，突然回想起自己曾經的堅持。他下定決心：既然下肢癱瘓已經是無法改變的事實，那就好好活下去！畢竟，他才三十三歲，還有漫長的未來。

從那以後，麥吉重新整頓生活，拉緊那根名為「意志力」的最後一根弦，開始了全新的生活。現在的他不僅在攻讀神學博士學位，還積極幫助那些需要幫助的人，帶著樂觀的笑容，成為無數逆境中人們的光明希望。

他用那僅剩的幾根弦，奏出了人生最動人的樂章。相信我，將來當他回歸天家時，天使們會親自迎接他，因為他無愧於人生！

過去放下了，未來才輕盈

這一切告訴我們，無論是財富的失去，還是失敗的經歷，甚至戀人的離開，這些事都像已經煮熟的米飯，再怎麼後悔也毫無意義。真正明智的做法，是把注意力集中在接下來的路上，讓生活不再困在過去的悲傷中無法向前。

潑出去的水，永遠不可能收回；已經刻成舟船的木頭，也無法恢復原狀。認清這些再簡單不過的道理，我們便能學著淡定地面對發生過的事，並全心全意處理眼前的生活。如此，我們才能活得更加從容踏實，也更接近那種「八十分就好」的幸福狀態。

木已成舟的事，我們無法挽回；但當我們停止抱怨，改變心態，我們的世界不正可以藉著這個機會改變嗎？當我們讓它順其自然地過去時，我們會發現自己擁有了變壞事為好事、變沮喪為快樂的特殊能力了。

第 3 章

不爭第一，
也能活成贏家

1 肯定自我，第二名也是成功

◆做自己的第一名，你就是第一。

從小到大，我們一直被告誡，無論做什麼都要全力以赴，什麼事都要做到最好——考試爭第一、比賽拚第一，人生，總是得爭個第一才算過癮。可問題是，第一名只有一個啊！每次拚盡全力後，若還是沒能站上最頂端，難道就代表我們徹底失敗了嗎？

所以，當我們拚命努力卻仍與第一名擦肩而過時，會不會有那麼一丁點兒失落？但靜下心來想想，人為什麼非得爭第一呢？第二名就不值得肯定嗎？我們往往為那微不足道的一點差距而焦慮，卻忽略了：或許第二名反而更輕鬆自在，沒那麼多聚光燈，還能好好享受自己的節奏與生活。

不完美，反而更輕鬆

你可能會說：「可是只差一點點啊！就差那麼一點點！」嗯，我懂，那種差距真的讓人恨得牙癢癢，但也正因為這「一點點」，我們無需苛責自己。不如放過自己，欣然接受這份「差一點點」的結果吧。

有一位運動員曾經說過：「也許我永遠無法超越那些冠軍，永遠爬不上體育的巔峰，但若沒有我這個第二名的襯托，如何能顯現出第一名的耀眼呢？再說，就算我只拿了第二，我也能找到屬於自己的快樂啊！」

是啊！第二名不一定得到的少，反而可能多了很多：不必時刻面對風口浪尖，不用承受那些無盡的壓力，多了份安穩和從容，不需要時時處處都爭強鬥勝，也能活得輕鬆快樂。

一位前幾年還一心想向廠長職位爬的副廠長，在前不久的一次聚會中突然對同事大發感慨：「還是副廠長好啊！」

原來在他升遷未遂後，短短兩年間，他上面的廠長已經換到第四個，而現在的這個剛來工廠大半年，就住院了。在他實際仔細觀察過廠長們的生活後，卻驚訝地發現：這些位置雖然風光無限，但背後的付出和犧牲，並不是每個人都能承受的。比起日以繼夜的加班，沒有時間吃飯、沒有家庭生活，甚至是生活品質的下降，相較之下副廠長的生活反而讓他感到舒適自在多了。

他現在過得很愜意：白天學書法、週末踢踢球，還能陪兒子打電動，這種生活中隨心所欲的自由，比職場的更高位階更令他感到滿足。原來歷經了四任廠長的更替後，他突然發現，自己對就任廠長這個職位並沒有做好充足準備，沒有準備好犧牲那麼多私人時間，放棄那麼多個人愛好，玩弄那麼多心術和權謀……

既然做不到，那何不安安心心地享受現在這個落於人後的副職呢？

所以啊！做不到第一名也沒關係，人生不需要每件事都滿分。給自己一點空間，八十分就很好。只要你活得開心、自在，即使是第二名，也是一種成功。

從廠長的故事中，相信能讓我們得到一些關於生活的啟發。人們往往看著前面的第一名，便容易產生羨慕嫉妒的心理，但如果自身實力不足以超越對方，與其費盡心思強逼自己實踐幾乎不可能實現的妄想，還不如放低姿態，安安穩穩地做第二名，也許還能生活得比第一名的還要快樂呢！

2 人比人，氣死人！

◆人一旦開始比較，就永遠沒完沒了。

「人比人得死，貨比貨得扔」——這句話你肯定聽過吧？它的意思是：別拿自己和別人比，因為這樣只會讓自己煩惱。可是為什麼總有人陷入這種無謂的比較中，越比越焦慮，越比越覺得自己不夠好呢？每天都在心裡打轉著：「為什麼我做不到她那樣？為什麼我沒有她擁有的那些？」但這樣的比較，真的能讓我們的生活變得更好嗎？

比較，讓幸福走了味

讓我們來看看生活中的一些小故事。

原本夫妻倆過得輕鬆自在，結果某天妻子對丈夫說：「你看人家隔壁的李太太，她老公不僅有新車新房，月收入還比你高。你一個月賺的，連人家加油錢都不夠！」哎呀，這下可不得了，丈夫聽後臉色馬上變了。雖然他當下沒吭聲，但心裡的不痛快，肯定是擋也擋不住的。結果過不了多久，丈夫火冒三丈地回應：「你要是這麼想過好日子，去跟人家李太太過不就得了！」

妻子的一句無心之語，狠狠地刺痛了丈夫的自尊心，結果呢？家庭的小矛盾便悄悄上演了。

事實上，這種情況還真不少。女生可能會羨慕別人的丈夫既溫柔又能賺錢；男生則會覺得別人的老婆既勤快又美麗。孩子抱怨別人的爸媽開名車、住豪宅；而家長們則羨慕別人家的孩子更聰明懂事。但問題是：這些比較真的有必要嗎？別人看起來的幸福，就一定是真實的嗎？

看見自己，才會快樂

其實，每個家庭都有屬於自己的幸福，即使外人看來光鮮亮麗的家庭，也可能隱藏著難以言說的煩惱。別人家的幸福，未必是我們所想像的完美無瑕。

人生就像一場加減法，有得必有失。每個人走的路不同，生活背景、能力、際遇也都不一樣，何必硬要放在同一條起跑線上來比較？例如，你喜歡籃球，但你會拿自己的身高和姚明比嗎？你自己在創業，難道會和比爾・蓋茲比財富嗎？你喜歡科學，難道會拿自己和史蒂芬・霍金比智慧嗎？

比較是沒有終點的遊戲，也沒有標準。硬是要比的話，你永遠都是吃虧的一方，因為我們總是拿自己的短處去和別人的長處比，卻忽略了自己也有獨一無二的優勢與亮點。這不就是「身在福中不知福」嗎？若想活得自在，就要學會放下這些無謂的比較，回頭看看自己已經擁有的幸福吧。

找到自己的節奏，才是真幸福

記得小時候，長輩總是說：「知足常樂。」但現實生活中，我們每個人都生活在這個充滿比較的社會裡，總難免遇到被人比較的時候，尤其是在同學聚會、同事聚餐的時候，這種比較就像是空氣一樣自然流動。誰的成就更大，誰賺得更多，誰的孩子更聰明，誰的外表更美麗……但這些表面的數字和外表，真的代表一個人的幸福與價值嗎？

若把這些比較放在心上，往往使人陷入無謂的情緒之中。若自己相較之下占優勢，可能心情還不錯；但若與人相較之下處於劣勢，總免不了心情低落……可是，你有沒有想過，這本來就是人與人之間的差距呢？每個人走的路都不一樣，這又有什麼可比性呢？

但如果你開始接受：每個人都有自己的節奏和步調，每個角色都有存在的意義，那麼生活就會輕鬆許多。不是每個人都要當總統、當老闆，有人甘願在基層踏實努力，有人喜歡當一名安穩的老師或自在的設計師——每個人都有屬於自己的一片天。

如果你總覺得自己不夠好，那是因為你拿自己去對照了不屬於你的標準。而其實，你早就做得不錯了。別再為了追求完美而傷神，也別讓比較偷走了生活的美好。我們追求的不是滿分人生，而是一個剛剛好、自在、舒服的八十分生活。

找到自己的節奏，慢慢的，你也會擁有自己的成功，當你留戀這個成功時，你就會明白——真正的生活不是一味地去羡慕嫉妒別人，而是享受自己所擁有的。

3 允許別人某些方面比自己優秀

◆正因為人外有天，我們才有更多進步空間。

我們每個人都生活在這個社會裡，每天都免不了要和人打交道，對吧？而在這些人之中，總會有比我們能力更強、更優秀的存在。面對這些更出色的人，我們應該怎麼看待？不少人選擇默默自卑，甚至心生嫉妒，但這些情緒對我們並沒有好處，反而會拖慢自己的腳步。

其實，能看見別人的優秀，是一種提醒，也是一種機會。這時我們才會意識到，原來自己還有這些地方需要加強！如果我們一味排斥、嫉妒那些比自己出色的人，就像是把自己關在一片陰影裡，看不見自己的方向與可能性。久而久之，反而容易陷入自我懷疑，甚至失去前進的動力。

接受差距，是一種智慧

真正的智慧，是坦然接受他人的優秀，並從中找到成長的契機。只要我們願意放下心中的自卑，真誠地看待自己與他人之間的差距，透過向優秀的人學習，那麼，我們距離更好的自己就不遠了。

孔子曾說：「三人行，必有我師焉。」意思是說，生活中，總會有比自己更優秀的人出現，這是再正常不過的事情。畢竟，誰能在每一方面都完美無瑕呢？就連動畫裡全能的多啦A夢，也怕老鼠得不得了呢！

但偏偏，很多人不太能理解這一點。一旦周圍有人比自己強，就會覺得自己被比下去了，不樂見這樣的狀況發生。可其實，這不正是一個提醒嗎？提醒你，周圍有這麼多優秀的人，說明你正處於一個充滿學習機會的環境，而這本身就是一種幸運。

面對那些比我們優秀的人，其實是一種心態上的磨練。因為最容易在這種情況下產生的情緒就是嫉妒——他們的光芒讓我們不由自主地感到自己不夠好，這一點也是完全正常的。但是，不如轉個念：因為我們還不完美，所以才有機會持續學習與變得更好。這樣的認識能幫助我們避免放大嫉妒，從而使自己擁有健康的心態。

而且，和優秀的人相處，不僅不會讓你覺得壓力山大，反而是提升自己的契機。有些人總是沉浸在自我陶醉中，老是覺得自己最棒，殊不知，當所有人都在前進，而你還在原地踏步時，這樣不僅看不見別人的長處，還可能掉進自我過度膨脹的陷阱。更有甚者，這類人可能在他人成功的路上設置障礙，來證明自己有「能力」，這其實不僅無助於自己的成長，也會讓人誤入偏執的迷思中。

真正成熟的人，懂得「擇善而從」的道理。他們不會逃避與優秀者的相處，反而會看到這是一個學習和提升的機會。他們會在那些良師益友的指導下，取長補短，最終讓自己也變得更加優秀。

在別人的光芒中，看見自己的方向

所以，當你遇到比自己優秀的人時，不妨放下心中的嫉妒，輕鬆地面對，欣賞他們的長處，也檢視自己的位置。

不是每個人都要當第一名，也不是每個人都需要爭輸贏。有時候，允許別人閃耀，也是一種釋懷與自在。只要你走在屬於自己的進步之路上，哪怕不是最亮的那個，也仍然可以過得踏實而美好。

畢竟，當身邊的優秀人越來越多時，整個環境也會一起變好。而你，就在這樣的環境裡，不斷汲取養分，成為更豐盈的自己。不是追求滿分，而是每天進步一點點的八十分，才是最踏實、最長久的幸福。

朋友，理智地去看待周圍那些比你優秀的人吧！從他們身上學習你所沒有的優點，終有一天，你會和他們一樣優秀的。如果你身邊都沒有值得學習的對象，那才是你人生的莫大遺憾呢！

4 在羨慕他人的同時，你也是別人眼裡的風景

◆明月成全了你的窗景，而你也成全了別人的夢。

我們常常會拿自己生活中的不完美，和別人看起來「好得不得了」的生活相比。但你又怎麼知道，那些深鎖的大宅院裡，就沒有他們專屬的煩惱與糾葛呢？或許，，也正在羨慕著我們這種一家人住在小屋裡和和樂樂、無需擔心家族裡亂七八糟的「豪門恩怨」呢！

說到羨慕，我們總是不太懂得欣賞自己眼前的生活，卻忍不住向外張望，覺得別人好像過得比較「值得」。這樣一來，心裡吃味便悄悄萌生，讓我們對自己的生活感到不滿，甚至產生一些不健康的情緒；但事實的真相是，雖然別人的生活看似風光無限，但其中總含有無數你無法想象的辛酸煩惱……如果我們能學會珍視自己、活在當下，說不定能成為別人羨慕的對象呢！

從羨慕中，看見自己的幸福

舉個例子。曾為埃及政府官員的賽義德，三十多歲就當上了亞歷山大市的副市長，前途一片光明。怎知，在他即將飛黃騰達之際，一場突如其來的城市大火，讓他在三十七歲那年被迫離開了官場。

失去官職的賽義德回到故鄉，他沒再去追求東山再起的機會，而是過起平民百姓般的簡單生活。他在自己的菜園裡種菜、施肥、捉蟲，沒事時走走村莊，收集民間工藝品當作愛好。大家都覺得他挺可惜的，但賽義德卻樂得自在，完全不棧戀曾經擁有權勢。

幾年後，他竟然在收藏領域嶄露頭角，收集到了幾十件世界頂級的民間珍寶，令人嘆為觀止。有記者問他：「你是怎麼做到的？」他只淡淡一笑說：「因為我過得很簡單，從不盲目羨慕別人。這種清靜的生活讓我可以專心鑑別陶器。」

原來，不去羨慕別人，是一種清明的智慧，也是一種自在的力量。很多時候，困擾我們的並不是生活本身的難，而是我們不自覺地拿自己去跟別人比較。

那些你羨慕的人，也正在羨慕你

雲門宗師釋道原曾說：「如人飲水，冷暖自知。」我們的生活也正是如此。當你羨慕別人時可曾想過，別人也有你不願承擔的煩惱呢？或許，你的生活看來單純無趣，但正是這種簡單，可能正是你羨慕的人所渴望的。

再比如，《圍城》一書裡錢鐘書寫道：「婚姻就像一座圍城，外面的人想進來，裡面的人想出去。」這個道理不僅限於婚姻，放在人生其他範圍同理可證。大家都在互相羨慕：已婚的人羨慕單身的自由，單身的人羨慕已婚人士的相互扶持；年輕人羨慕老年人的閱歷，老年人羨慕年輕人的青春；普通人羨慕名人的成功，名人羨慕普通人的自在。

也許你沒有住在別墅裡，也沒有開著名車，銀行裡也不見得存有百萬。但每一個晚上，當你拖著疲憊的身體回家，看見那扇亮著燈的窗，聽見熟悉的聲音有人問你：「回來啦？」那杯遞上的熱水、那份小小的貼心，不正是許多人夢寐以求的幸福嗎？

所以，親愛的，當你覺得自己的生活平淡無奇、不值得說嘴的時候，不妨停下來想一想：也許此刻的你，正在過著別人渴望卻得不到的日子。與其不斷地往外羨慕，不如向內多一點欣賞。八十分的日子，不浮誇、不張揚，卻恰好剛剛好。

你也許沒有滿分的條件，但你擁有屬於自己的穩定與平和。而這樣的生活，才是值得我們好好珍惜的「美好生活」。

人們往往曾經盲目地羨慕別人的生活、別人的處境，卻忘了珍惜屬於自己的幸福。比如我們總是為別人擁有豪宅大院而羨慕不已，卻忽略了自己的平凡小宅也可以遮風避雨。因此，學會看見並且珍視自己所擁有的，才是邁向幸福的第一步。

5 順其自然，不強求自己

◆學會放下，當心自由了，你會得到更多。

生活中，人們總有一些難免得獨自面對承擔的時刻。當然，誰都希望事情有美好結局，但說實話，生活可不像電影，儘管你全力以赴，結果卻未必能如願。若最終能享成功的喜悅，那當然最好，但反過來說——也有可能得面對失敗的痛苦。

既然如此，又何必對自己要求那麼高，把「不能失敗」當成唯一選項呢？這樣的心態，無疑是給自己施加了不必要的壓力。你我都清楚，一旦有不能失敗的心理壓力，即使再有把握的事，也容易因為過度緊張而弄巧成拙。

我記得，有一次在一場高中聯校的音樂才藝比賽中，有個小女孩儘管表現十分用心，但最終仍不幸被淘汰了。在台上的她痛哭流涕，儘管主持人不停地安慰她，但她依然無法釋懷，情緒失控，最後不情願地轉身走下舞台。

後來，老師在後台看到女孩躲在角落裡，情緒非常激動，甚至不停地顫抖。她嘴裡不斷叨念著什麼，老師雖然聽不清楚，但能感覺到她的自責，並為自己的失常表現感到丟臉。女孩滿臉淚水，讓人心疼。

看著這個情形，老師不禁嘆氣，心想：「以這孩子的實力想進入決賽不難，只是她太患得患失，背負了沉重的心理包袱，反而影響演出表現。」

在現今這個晚育、少子的世代環境下，父母對孩子的期待往往高得讓人喘不過氣來。大人們不允許孩子犯錯，總想凡事都贏在起跑點上，養成孩子自小好勝心強，凡事都想爭第一，只許成功，不許失敗。這種心態雖不難理解，但是，生活怎麼可能一帆風順呢？

容許犯錯，是人生重要的練習

如果我們不容許自己犯錯，最後只會陷入「什麼都做不成」的惡性循環。還記得小時候，常常會聽到長輩這樣告誡我們：「不努力學習，怎麼上好大學？上不了好大學，怎會有好工作？沒有好工作，你的人生就完蛋了！」這樣的邏輯，現在聽起來是不是有些荒謬呢？畢竟，一個班只有一個第一名，難道其他人就都注定要失敗嗎？

其實，放下對「事事成功」的執著，不代表我們不努力，而是明白努力不一定等於結果完美，也學會接受人生的多樣可能。容許自己勇於嘗試新事物，不怕失敗，其實是非常重要的。畢竟，不論是科技創新還是服務創新，沒有任何一項成就能夠一蹴而就。沒有嘗試，哪有成功機會？沒有跌倒的經驗，就難以學會如何站起來；沒有面對過失敗，就難以真正體會成功的可貴。

失敗，其實也是一種養分

有種化學治療用藥名為「606」，它的名字正是因為其經過了 606 次實驗才成功的故事。如果沒有前面 605 次的嘗試與錯誤，又怎會有最後的突破？

然而，傳統觀念總是灌輸我們：成功才是唯一的答案，「成則為王，敗則為寇」這套話術，已經流傳了幾千年。但若我們只允許成功，不准失敗，那麼誰敢去努力，誰敢去冒險呢？這種只看結果的思維，只會讓我們變得急功近利，隨波逐流，甚至因此錯失探索自己真正熱愛之事的機會。

所以，給自己一點空間，允許自己試錯、走彎路、甚至摔跤。不需要每一步都完美，八十分就好吧。重要的不是每一次都贏，而是願意每一次都去嘗試。每次的失敗，都會成為下一步走得更穩的基礎。

畢竟，能在跌倒後拍拍膝蓋再站起來的人，才是真正踏實地在過生活。不是嗎？

所以，勇於嘗試並容許自己失敗，讓自己有顆寬容的心。這樣，即使未能成功，我們仍能靜下心來從失敗的經驗中學習，而不是為之不停地懊惱。

6

學會為自己找平衡點

◆你可以親自為自己製造幸福，無須事事外求。

你可曾經歷過住院治療結束，步出醫院時，沐浴在陽光下感受到自己彷彿重生的喜悅？陽光灑在身上，藍天像畫一樣開闊，草地上的嫩芽在陽光照射下閃閃發亮，這時候回想起過去那些身體虛弱、無力應對的日子，心中油然而生一股暖意——原來，光是能自在地曬太陽、呼吸新鮮空氣，就已是一種莫大的幸福。

說到幸福感，有一位醫學博士的故事引人深思。他就是羅伊・馬丁納博士。一位大名鼎鼎的自然醫學情緒治療專家，幫助人們平衡情緒，擺脫憂慮困擾。你知道嗎？他可不是一開始就走這條路的。馬丁納博士原本是傳統醫學訓練之下的醫學院畢業生，並在學校畢業後順利在該領域闖出名堂。可是，隨著時間的推移，他發現了一個奇怪的現象——他有不少病人總是反覆回來找他看病，每每病症治療痊癒，過不了多久就又再犯。

有一次，一位經常來看診的偏頭痛患者再次來訪。博士忍不住問道：「每次治療後你都能暫時痊癒，為什麼總是沒幾天就又復發了呢？方便告訴我背後的原因嗎？」

患者愣了一下。這種問題，從來沒醫生問過。他一時語塞，支支吾吾地說出：他其實是一間金融公司的投資操盤手，日常工作壓力極大，競爭激烈。他每天都在和一群「永遠不累」的同事競爭，為了不被淘汰，他只能拼命加班，甚至犧牲了休息與健康。

馬丁納博士聽後，心裡即有了答案。他特別為這位患者設計了一套心理控制技巧，讓他學會不再強迫自己和別人比拚，找到自己與外界的平衡點。結果，這位患者的偏頭痛得到了根治。

這段經歷也讓博士深刻體會到：身體的病痛，往往與情緒壓力密切相關。情緒平衡訓練能幫助人們以一種不壓抑的方式去識別、理解、接納並調整情緒，從而成為自己情緒的主人。這不僅能讓人的生活變得輕鬆自在，還能吸引不同類型的人，由此開創出全新的生活局面。

每個人的幸福點，都不盡相同

芸芸眾生的幸福感來源各有不同。小時候，憑著在同學面前炫耀父母從外地出差帶回給我的獨特玩具，就能讓我開心好一陣子；長大後，當我們順利找到工作，找到屬於自己的成功時，你是不是也覺得自己超級幸福？尤其當你步入婚姻，和心愛的人朝夕相處，你會覺得自己真是世界上最幸福的人。隨著年歲漸長，幸福的定義也在悄悄改變。或許我們不再追求浮華與物質，而是更渴望一個安穩、自在、有溫度的日子。

擁有不同職業的人的幸福感也大不相同。政府官員可能會因為獲得民眾和上級的認可而覺得滿足；企業老闆則會因為公司利潤的增長而感到成就；股民的幸福來自於投資賺錢；對上班族來說，春節前的一筆年終獎金，或許就是辛苦一年後最踏實的快樂。幸福，從來不是比較出來的。它來自於我們所處的環境、當下的狀態，以及與昨天的自己相比後所感受到的成長與踏實。

曾有研究指出，小鄉村裡的村民比大城市裡的市民更容易感受到幸福，並不是因為他們更富裕，而是因為生活步調更緩、空氣更清新、人際關係也更單純。這告訴我們，幸福感往往來自於貧富差距較小與舒適的生存環境，而非單純受金錢多寡影響。

幸福，是不比較、是懂得停下來的那一刻

所以，要提升幸福感，不必去和他人一較高下。真正值得關注的，是你是否滿足於

當下？是否還能感受到身體的輕鬆、與家人的和諧，是否懂得為自己劃下一條「不過度」的界線。事實上，當收入達到生活所需的基本水平後，健康的身體、安穩的家庭關係才是最值得我們珍惜的資產。

如果你現在覺得生活不如意，或許只是因為你不自覺地把自己拿來和別人比較。停止比較，開始關照自己，你會驚訝地發現：當你牙齒不痛、胃也不悶悶不適，當你晚上能安心入睡、早晨睜眼能深呼吸，這些看似平凡的小事，其實就是最溫柔、最實在的幸福。

偶而我們會在街上看到衣衫襤褸的遊民，蓬頭垢面的，在車水馬龍的城市街道上躑躅前行，我們不需要知道他從哪裡來，不論他打哪來，去哪裡，經歷過什麼樣的人生故事，他的出現正提醒我們，你所擁有看似乏味平庸的朝九晚五的生活，其實也是一種幸福。

7 這山望著那山高，終究一無所得

◆只有握在手中的是最好的。

有時，我們攀上了一座山，站在山頂上眺望四周，眼前的景色美得讓人陶醉。這時，你心裡可能會冒出這樣的念頭：「如果我能攀上那座更高的山，說不定能看到更美的景色。」但是，真實的狀況往往是——當你終於爬上那座「更高的山」時，你會發現，眼前的景色其實和你之前看到的差不多，並沒有想像中那麼驚艷。

我們在生活中總不乏遇見這樣的人：不懂得珍惜自己所擁有的，總是羨慕別人擁有的一切。這些人總是用「這山望著那山高」的心態生活，結果常常做出錯誤的選擇，然後陷入無盡的遺憾。

比如李小姐的同學羅小姐。有天，羅小姐打電話給李小姐，說自己因公出差來到這座城市，想順道見個面。幾年前，她們在南部的同一所大學讀書，住在同一個社區。羅小姐長得漂亮，性格活潑開朗，是很多男生追求的對象。當時的她陷入熱戀。李小姐心想：這麼多年過去了，說不定早已結婚生子了吧？

見面那天，李小姐一下班便來到相約的地點，發現羅小姐早已等在那裡。幾年不見，羅小姐蒼老了些，臉上滿是滄桑。李小姐剛坐下，她開口便說：「老朋友，有沒有好對象可以介紹給我呀？」

李小姐一愣，心想：以羅小姐的條件，怎麼可能還單身呢？羅小姐皺著眉頭，委屈地說：「眼看快到三十歲了，家人也開始催婚，但總覺得一直沒遇到適合的對象，也不能為了結婚而勉強自己啊。」

李小姐回想起當年，羅小姐的男朋友是他們系上的學長，長相斯文、性格溫和，大家都覺得兩人很合適。她忍不住問：「那你們當初怎麼分了呢？」

羅小姐坦言：「當時他家在鄉下，雖然各方面條件不錯，但我們畢業後不久就分開了。後來也交往過幾個人，但總覺得少了什麼。」聽完這話，李小姐感到五味雜陳，心裡明白，羅小姐可能患上了「這山望著那山高」的毛病。總是對現有的關係不夠滿意，總想等到「更好」的選擇，但最終卻錯過了真正適合的人。

其實，許多人都曾有這樣的經歷：當初覺得某人不錯，為什麼在一起之後反而不開心了呢？這是因為遠處的風景總是最美，因為我們還沒靠近、還沒看到細節。當我們走得近了，開始看清對方的不完美，就開始動搖，認為可能還有「更好的人」在等著自己。

但聰明的人懂得在這個時候選擇包容、互相磨合；而有些人則選擇繼續尋找，期待下一位「完美對象」的出現，結果陷入無止境的比較之中。人無完人，選來選去，往往只是在錯過。

你所羨慕的，也許正有人想逃離

再看一個例子。

一群都市人因厭倦了城市的喧囂，週末約了幾個朋友到山裡體驗農村生活，住進農家，吃著簡單的農家菜，欣賞著鳥語花香的山野景色，他們直呼像來到世外桃源般愜意。但那些山村農民們卻在背後笑他們：「這些城市人真是吃飽撐著，放著都市的好日子不過，跑來這窮鄉僻壤裡瞎開心。」從他們的角度來看，這些都市人為什麼放著繁華的都市生活不過，反而來到這裡體驗平凡的山野生活。

這其實正是人生的趣味：站在不同的位置，看到的風景自然不同；每個人對幸福的理解與期待也不盡相同。有人厭倦了都市的繁忙，想要過簡單的生活；有人則嚮往更有挑戰的事業巔峰；甚至有農民希望能擔任公職，過上不用看天吃飯的日子。

其實，每個人頭頂上都有各自的一片天，無須老覺得別人眼中的風景比自己好，那多半只是我們「還看不清細節」時的幻想。當你站在自己的角度，努力發現自己生命中的美好風景，也許就能體會，這是最值得自己珍惜的幸福。

真正的幸福，是看見自己已擁有的風景

人們常說：「人往高處走，水往低處流。」追求更好本是自然之事，並沒有錯。但如果一味比較、永不滿足，便容易忽略了當下那些值得珍惜的美好。

每個人都有自己該走的路，也都有屬於自己的一片天。幸福並不等於更高、更快、更強，而是找到剛剛好的節奏，安住在適合自己的生活裡。

相信自己現在所擁有的，並且試著從中找到滋味。當你不再拿別人的「高山」來貶低自己的風景時，你會發現：你的人生，也許早已擁有他人夢寐以求的美好。

所以，當我們站在自己的角度欣賞別人眼中的風景時，心裡必須篤定，在他人眼中，自己眼前的風景也可能是令人稱羨的夢想。學會擁抱自己所擁有的，欣賞自己所得到的，知足常樂。

第 4 章

把期待調成八十分，幸福剛好抵達

1 就算是百萬富翁，也可能對現狀不滿

◆人生，總有追求不完的「不滿足」。

每個人心裡或多或少都有一個理想。誰不希望自己能夠擁有理想中的生活、事業，甚至是完美的自己呢？但當理想撞上現實，往往就像火車出軌一樣，來得猝不及防。這時我們應該怎麼辦呢？是繼續奮力追夢，還是讓自己放慢步伐，暫且安於現狀，給自己一點時間冷靜冷靜？

總是有好心的親朋好友會給你善意的忠告叮囑：「別安於現狀啊！這年頭變化太快了，安於現狀只會被社會淘汰！」聽起來很有道理，但是，我們真的需要為了這些提醒，拚命地往前衝嗎？

我覺得，對每個人而言真正重要的是：我們得先搞清楚自己到底需要什麼，是終日拚命追逐成功，還是擁有適時停下腳步，享受生活中片刻寧靜的智慧？真有需要用同一

把尺來衡量每個人嗎？難道成功人士就真的沒有煩惱，沒有不滿嗎？

成功，不等於幸福

劉先生是大家眼中的成功企業家，擁有兩間工廠、資產破千萬，怎麼看都是人生勝利組。但奇怪的是，這位劉先生臉上幾乎很少見到笑容，永遠都是一副愁眉苦臉的樣子，彷彿天隨時要塌下來一樣。

原來，劉先生從基層做起，白手起家，搭上經濟起飛的趨勢創業有成，在淘金的浪潮下一做就是二十年，從打工仔變成了今天的企業大亨。這二十年來，他把所有心力都放在事業上，卻也因此忽略了家庭。夫妻之間爭吵不斷，最後太太帶著孩子離開了他。如今，他連想見孩子一面，都得事先取得前妻的同意。

劉先生是有錢了，但有錢能換來真正的快樂嗎？他也試過再婚，但大多數對他感興趣的，其實並不是他這個人，而是他口袋裡的鈔票；再加上長期高壓的工作讓他身體亮起紅燈，一次健檢下來毛病一堆。你看，即使是如此事業有成的成功人士，生活卻不見得有多如意。

我們以為的「他一定過得比我好」，很可能只是表象。

活在當下，不代表沒追求

佛家有句話說得好：「活在當下。」既然我們無法預測未來會發生什麼事，倒不如把每一天過得踏實一點，享受眼前的每一刻。為了那些無法實現的夢想痛苦不堪，真的值得嗎？換位思考一下，假如讓你跟日理萬機的大老闆位置互換，你會發現：嘿，還是自己的生活最舒適呢！每個人都有自己的煩惱，人生若不懂得知足，就算成為百萬富翁，也不一定會更幸福。

所謂的知足，不是躺平，也不是自我放棄，而是一種能力：在努力與休息之間找到平衡，在現有生活裡看見值得珍惜的美好。真正的滿足，不來自外界的標準，而來自內心的自在。

所以，別讓眾人七嘴八舌的好意使你壓力山大。你不是懶惰，也不是不上進，而是懂得為自己選擇剛剛好的節奏，這種智慧，比一味追求更好來得更珍貴。偶爾停下來，聽聽自己內心的聲音，放鬆一下，過得自在一點，也許，你會發現自己早就擁有了足夠的幸福。

人生不如意事十常八九！為了每個幸福的瞬間，人們往往得付出長時間的努力，有過低潮的經歷，才更懂得珍惜幸福來臨的時刻。我們一直在尋求目標達成後的終極幸福，卻常常忽視了幸福其實就在我們身邊，只要抓住身邊的幸福瞬間，你也能隨遇而安。

2

擁有豪宅與名車，就能幸福嗎？

◆你該享受的是生活，而不是欲望。

今天，隨著社會的快速發展，人類的物質生活條件邁入了百花齊放的時代，要想完全不受誘惑，幾乎難上加難。從拉風的新款名車，到氣派的別墅，誰看了不心動呢？但若將這些物質誘惑設為人生目標，以為擁有它們就能得到幸福，那可就走偏了。豪宅、名車，的確能提高人們一時的幸福感，但我們真正想要的幸福，真的只是那些金錢能買到的東西嗎？讓我說一個故事，也許你會有些新的想法。

物質豐富，卻不見得內心富足

某個週末，家貞突然接到了老朋友小晶的來電，邀請她週日去她家小聚。聽到這個邀請，家貞有點意外，畢竟兩人很久沒有聯繫了。年輕時她們是公司同事，一起逛街、看電影、吃路邊攤，甚至為了一件衣服在地攤上和老闆討價還價了半個小時。

後來，小晶嫁給了一位企業家，生活開始與以往截然不同。不僅擁有豪車、別墅，還辭去了工作，成為全職太太，過著相對悠閒的日子。相比之下，家貞的生活就顯得平實：先生是普通上班族，兩人朝九晚五，過著緊湊而忙碌的日常，收入勉強打平，最近更因通膨，生活有些吃緊。

看著小晶過得那麼富裕，家貞心裡不免感到心酸。現在的兩人還有什麼共同話題可聊呢？會不會全程只是聽我抱怨自己的生活，而小晶根本無法理解呢？但如果拒絕她的邀約，又顯得自己小家子氣。最終，她答應了小晶的邀約，準備去看看她那所謂的「幸福生活」。

當她走進小晶那寬敞豪華的別墅時，她才真正意識到，這跟自己的家完全是兩個世界。小晶家裡有專門的傭人和廚師，餐桌上堆滿了各種精緻的美食，甚至還有家貞最愛吃的宮保雞丁。小晶笑著說：「喏，記得你最愛這個，特地讓廚師做的。」

家貞心裡有些感動，也有些不自在。這盤看似簡單的宮保雞丁，在滿桌子的豪華菜餚中顯得有些突兀，就好比坐在豪華飯廳中的自己，顯得有些寒酸。不過，兩人還是客氣地寒暄了一番，直到飯後，小晶才拉著家貞進了書房，兩個人終於可以像以前一樣，隨意地坐下來聊天。

家貞由衷地說：「真羨慕你啊，現在你應該是我們以前同事裡最成功、最幸福的了。」

小晶若有所思的看著她，沉默了一會兒，終於開口：「你知道嗎？我其實也挺羨慕你的。你做著自己喜歡的工作，在職場上有自己的成就，老公也很愛你，你還有什麼不滿足的？我雖然在物質上比你富有，可是有時候無論錢再多，也換不回真正的快樂。每天我待在家裡，老公忙他的公司，我一個人每天對著這麼大的房子，有時候真覺得，好像什麼都不缺，卻又什麼都沒有。孤單到讓人懷疑人生的意義。說實話，有些日子真的像是在等時間過完一樣。」

聽到小晶的話，家貞不禁陷入沉思。

幸福，不是華麗堆疊出來的

是啊！生活中真不是所有的東西都能用錢來衡量。今天的社會，就像是一間華美高檔的百貨公司，各種各樣的商品琳瑯滿目，讓人眼花撩亂。很多時候，我們自己都搞不清楚自己到底想要什麼，於是開始追求那些看似能帶來快樂的東西，認為擁有得越多，生活就會越幸福。

但其實，當你經歷過生活中的風風雨雨之後就會發現，真正的幸福，往往來自那些最簡單的東西：當你肚子餓時，來一碗熱湯；口渴時，喝一杯清水；睏倦時，擁有一張舒適的床；孤單時，有個問候……。這些溫暖與陪伴，才是真正讓人感到安心的幸福。

所以，千萬別因為那些華而不實的誘惑而迷失自己。人生，不需要達到滿分才算成功。有時候，八十分的生活，剛好就是最適合你的人生節奏。

停下來，看看身邊已擁有的日常與溫柔。不是富可敵國才能快樂，也不是住豪宅才值得被愛。平凡的日子裡，只要有一點笑、一點暖，就已經足夠讓心滿意足。

滿足自己的物質欲望雖能讓人感到愉悅，但那往往是滿足了虛榮心之下的一時情緒，並不是真正從心靈深處湧現的幸福；人的物慾往往是無窮無盡的。因此，如果你妄想透過滿足物慾來追求幸福，奉勸你還是早點清醒，先試著發現自己身邊的「小確幸」吧！否則，你永遠不會明白不同層次的幸福，到底哪個才能真正觸動你的心。

3 你的經濟壓力，究竟是來自於需求還是欲望？

◆人的一生其實一直在跟欲望拔河，不滿足就痛苦，滿足了就感到無趣。人的一生就在痛苦與無趣中左右徘徊。

每個人身上都背負著某種程度的壓力。求學、求職、工作，以及那總是覺得不夠大的房子、不夠多的存款、小孩的教育基金……這些壓力，久而久之，甚至逐漸成為一種文化常態。你看，「房奴」、「車奴」、「孩奴」這些新詞，現在都成了我們日常對話的一部分，光聽就令人喘不過氣。

然而，壓力並非只存在於平凡人身上。就連看似成功的人，也未必輕鬆。曾經，他們過往的壓力來自於「蝸居」的那間小公寓，等換了房子，壓力就變成了別墅的貸款；原本的通勤壓力是因為沒車，等有了車，壓力又變到了高昂的車貸身上；擁有百萬財富時，壓力來自於如何使財富突破千萬；破千萬後，還會看到別人坐擁數十億資產，於是壓力繼續升級。這樣的比較，有終點嗎？

不只如此，官員為升遷焦慮，學者為發表論文壓力山大，導演在意票房，演員則焦慮曝光度……壓力就像滾雪球，不論職業、收入、成就，都難以倖免。

欲望與壓力，常常是一體兩面

但你可曾想過，我們真的有必要非得擠進那間最好的大學嗎？真的非得得到那個夢想中的高薪職位嗎？擁有了百萬身家，還不夠嗎？若真能擁有上億資產，就真能感到滿足嗎？

很多人每天奔跑在追夢的路上，夢想實現後，又產生了新的目標與欲望，永遠沒有終點。但這些，真的是人生的「必需品」嗎？還是說，我們根本是被欲望綑綁，不知不覺中逼迫自己走上一條永無止境的「升級之路」？

不妨停下來想一想，自己的壓力究竟來自哪裡？

- 「我」的薪水只能買一間小房子，但看著同事們一個個擁有兩間以上的房子，甚至為孩子準備好了未來的別墅，「我」內心的小劇場又忍不住在耳邊碎念。
- 「我」上班的路程其實挺方便的，騎個機車也不遠，但看見大家都開車，自己也忍不住分期貸款買了一台新車。

- 鄰居家的孩子在貴族學校讀書，「我」也不甘示弱，想著得多賺點錢，讓孩子上國際學校才行。
- 朋友的老公每年給她送價值不菲的生日禮物，而「我」卻只能全家吃一頓簡單的慶生餐，當做慶祝。
- 老闆孩子結婚，「我」擔心紅包少了沒面子，硬是咬牙包了八千元，回家後卻心疼不已。
- 唯一的孩子沒考上知名大學，唉！未來該怎麼辦呢？
- 廚房其實夠用，但總覺得少了一個中島就不夠「有生活質感」。
- 隔壁家女兒嫁進有房有車的家庭，我們家也得為孩子找個有房有車的乘龍快婿。

……

如果上述這些例子你曾感到共鳴，那我只能說，你是在自找麻煩。這輩子你還有多少時間，還要繼續困在這些無止境的壓力循環裡嗎？停止這些無謂地追逐吧！不用再想著「別人有的我也要有」，珍惜自己平安簡單的日子，沒有必要庸人自擾。

試著放下那些無謂的欲望，少給自己一點壓力，你會發現，當壓力釋放、心情得到放鬆時，那些曾經困住你的重重壓力，竟然會慢慢消失。人生就像是攜帶著一個沉重的行李箱，當你選擇放下多餘的東西，箱子就會變輕許多。這樣，你就能過上那種真正安寧幸福的生活。

別老是負重前行，放下重擔，你也能感受到輕鬆自在。

你想要兩間房子，但一間真的不夠你住嗎？你想要一輛汽車，難道自行車就不能為你解決交通問題嗎？你是否曾苦苦追求身邊非必要的東西，就算分明是負擔，卻仍捨不得放棄，為之爭得頭破血流呢？如果你想通了這一點，也許，你會發現，自己已經比許多人富有許多了！

4 擁有的多，不如計較的少

◆學會忽視自己所缺乏的事物，人才會快樂。

作家潘石屹在《我用一生去尋找》一書中有句話說得真好：「擁有的多，不如計較的少。」聽起來簡單，但卻是金玉良言！其實，快樂本該很簡單——只要學習豁達、減少計較，心情就能輕鬆起來，人生也會像突然開了外掛般地順暢起來。

說到快樂，最懂快樂的其實是孩子。你想想，孩子們天真無邪，不懂得計較，總是開開心心地玩耍。可當他們長大後，快樂逐漸變得困難，為什麼？因為這個世界上，有太多的比較、計較和「應該」。到底是誰讓我們褪去了那份純真，走向了這麼複雜的生活呢？是父母、老師，還是生活使然？

快樂，從來不是「擁有多少」的問題

還記得小時候嗎？那時候大家一起玩，根本沒有「你的」、「我的」的分別。但隨著年齡增長，我們的煩惱也開始出現：「別人怎麼那麼有才華？」心裡就不平衡；「別人為什麼總是這麼受歡迎？」心裡就開始擔心自己是不是不夠好；「別人家條件怎麼那麼優渥？」心裡就有點難過……慢慢地，計較成了我們不快樂的最大原因。其實，快樂從來不是靠「擁有多少」來決定的，而是由我們「計較多少」所影響的。

說到婆媳關係，大家總愛戲謔說婆媳是天敵。但陸女士和她的婆婆卻處得出奇融洽。有人問她秘訣，她笑著回答：「人都說家和萬事興，我嫁了這個男人，就得要學會和他的家人相處。既然選擇了做一家人，做晚輩的我，就得學會適應他們，慢慢地和婆婆分享兩個人的生活，也得了解她的一切——包括脾氣、習慣，還有她心裡的『老派思想』。最重要的是，在家裡別和老人家計較。」

陸女士坦言，婆婆有時候會先斷然做出一些決定，說「這樣是為了你們好」，讓她覺得有點被干涉。但她不會和婆婆正面對抗，而是用溫和的語氣回應：「我會再好好想想。」她覺得，家有一老如有一寶，婆婆其實也幫了她不少忙。現在她在外上班，家裡就剩下孩子和老人，而孩子正是婆婆最大的快樂源泉，所以婆婆總是樂於幫忙帶孩子。

當然，過程中意見不合是難免的，但既然是為了孩子，陸女士懂得如何妥協、跟長輩溝通。幸好，她的婆婆也一直給予她正面的反應和回饋。

心胸寬一點，日子也就順一點

其實，人生中的很多煩惱和痛苦，往往不是來自於真正的困難，而是我們對事情「太計較」。如果我們能學會放手，面對歧見豁達一點，這些痛苦和煩惱也許就會煙消雲散。

不僅在生活中如此，工作中也是如此，每天都可能遇到挑戰與不順，但不管怎麼變化，學會以大度的心態去面對，對待每一個人、每一件事，結果往往會比我們預想的更圓滿。而當你回顧這一切時，會發現自己既輕鬆又充滿成就感，這種滿足就像是吃了一大口蛋糕一樣，滿足又幸福。

這份滿足，不是來自贏得什麼競爭，而是來自一種放鬆、自在、不被情緒拉著走的生活狀態。

在人與人相處的過程中，不可能完全沒有摩擦。與其每件事都斤斤計較，不如多些寬容與微笑，讓彼此都能過得舒服自在。

「八十分就好」的生活，其實並不是妥協，而是一種智慧——知道自己真正需要什麼，也知道哪些事情，其實不必太在意。你會發現，當我們不再執著於贏得每一次爭執、得到每一項肯定，反而更容易過上平和、美好的日子。

其實每個人都是通情達理的，而且婆媳能在一起生活是緣分，大家都是為了同一個家庭著想。只要互相體諒，相互支持理解，人與人的相處總會越加認識彼此。即使之間曾有什麼矛盾，互相體諒一下，都會好起來的，擁抱對方的善意、不計較，才能獲得夢寐以求的快樂。

5 不加薪也可以幸福的祕密

◆幸福不用刻意尋找，幸福其實就在你的身邊。

二〇一〇年，哈佛大學公布了一個令人意外的排行榜，最受歡迎的選修課竟然是《幸福課》！比起經濟學這門「重磅」課程，《幸福課》吸引的學生數量反而更多。這讓人不得不思考一個簡單卻深刻的問題：我們，怎麼變得不快樂了？

有些人生活並不富裕，戶頭帳上的數字微薄；他們穿的衣服簡單，生活也不花哨；他們的餐桌上大多是清粥小菜，偶爾打打牙祭也是豐盛；他們不去高級餐廳，不隨便出國旅遊，甚至少有娛樂消遣，但他們的心裡，卻是踏實而愉快的。

相反地，也有些人擁有亮麗的外在條件：住豪宅、開名車、吃山珍海味，說走就走地旅遊，生活看似自由又豐盛，然而，他們的表情卻總是藏著壓力與焦慮。

幸福，不等於收入數字

我們很容易陷入一種迷思：認為收入越高，就會越幸福。其實，雖然高收入的人能夠享受更多的物質資源，但他們也有更多的壓力、更多的焦慮、更多需要處理的麻煩。換句話說，幸福與否，從來不是只看錢包的厚度。

成功，是提升幸福感的一種手段，一種途徑。可是如果我們過於執著於物質的獲得與積累，最終，它會成為阻礙幸福的障礙。也許在成功之前，有些人也曾經有過一些不開心的日子，但他們總是堅信，只要努力追求成功，幸福就會接踵而至。可是當他們終於達到目標時，才恍然驚覺——原來期待中的幸福其實並不存在。這時，他們對物質與地位的幸福幻想終將破滅，隨之而來的是深深的困惑迷惘。

幸福，其實很簡單

其實，幸福從來不是什麼遙不可及的事物。它是無形的，也沒有標準答案。很多時候，它就藏在日常的片刻之中：

當你低落時，有人耐心地聽你訴說，那就是幸福；

當你疲憊時，有人給你依靠，那就是幸福；

當你無助時，有人默默地支持你，那就是幸福；

當你感到累了，能有一個溫馨的家庭作為依靠，那就是幸福。

幸福，不是人生追求的終點，而是沿途的風景，是那些溫暖的陪伴與支持。也許我們都應該學會，放慢步伐，看看身邊的人事物，細細品味真正的幸福，其實就在我們的日常生活中。

金錢或許可以帶來幸福，但是人幸不幸福，卻未必與金錢畫上等號。然而，賺錢有數，在我們還未覓得足夠的資本之前，難道就沒有幸福的權利嗎？答案當然是否定的。如果你懂得調整思維、珍愛生活，相信你一定也能從粗茶淡飯與平凡的生活中看見樸實的幸福；這樣的幸福，靠的不是銅臭味，而是人與人之間最真摯的交流。

6

學會控制你的物質欲望

◆到底是你穿在名牌，還是名牌在穿你？

我們每個人都希望自己能成為一個有理想、有抱負的人，對吧？這可是做人的基本素養，畢竟只有不斷地激勵自己，才能創造一番屬於自己的事業！可是，說到理想和抱負，我們也得說一句——別讓它們過了頭，否則它們就會從「理想」變成了「欲望」，那可就成了我們的麻煩。

有一個寓言故事，可以說明這個狀況。

在一片森林裡，住著幾隻野豬，牠們的脾氣不小，經常跑到鄰近的村莊搗亂，讓村民們傷透腦筋。最倒霉的，還是那些路過的旅人。幾位經驗豐富的獵人曾經試圖補捉這些野豬，但這些豬可聰明了，總是能巧妙地躲開陷阱。

有一天，一位滿頭白髮的老人拉著一台裝著木材和稻穀的車，宣稱自己能抓住野豬。

村民沒有人相信他，心想：「這位爺爺太小看野豬了，牠們可是比想像的還兇猛啊！」他們認為，年輕有力的獵人都捉不住，這個白鬍子老爺爺能有什麼本事？

但這位老爺爺可不管，照樣進了森林。他開始在野豬常出沒的地方撒上稻穀，不久，原本還小心翼翼的野豬終究敵不過誘惑，很快就被香噴噴的稻穀吸引，開始舔食起來。接下來的日子，老爺爺繼續每天增加稻穀，並且在附近築起陷阱。野豬每次都被嚇跑，但每每被美味的稻穀給引誘回來。慢慢的，老爺爺的陷阱圈套越建越大，直到最終，當最後一塊木板落下，野豬們就這麼被困住了。

這些野豬，其實是被自己貪念困住的。牠們一次次回到稻穀前，最後也一步步走進圈套。

不只是野豬，現實生活中也有不少人，因為無法控制欲望，最終陷入難以挽回的局面。說到這，不得不提一位名叫藍玉的明朝大將。

他本是開國大將軍常遇春的妹夫，憑著自己英勇不懈的努力，屢立戰功，還得到了明太祖朱元璋的重用，一度被視為像衛青、李靖那樣的英雄人物，甚至被封為涼國公，一時風光無兩。可惜，隨著地位提升，他逐漸失去了謙遜之心。

藍玉開始自大，為所欲為，蓋起了大宅，養了數千名家奴，並且橫行霸道，還私占土地，甚至鞭打了當時的禦史，完全不顧朱元璋的警告，行事益發乖張。朱元璋開始覺得這人越來越不受控制，於是對他發出了警告，甚至降了他的職，讓他警醒。

可是藍玉依然我行我素，最終，他的貪慾讓他失去理智，竟妄想親自坐上皇帝的寶座。當朱元璋聽到藍玉計畫發動叛變的消息時，終於忍無可忍，將這位曾經的勇將處死。

一位曾經雄心勃勃、英勇無畏的將軍，最終因無法控制的欲望走向了毀滅，這真是讓人唏噓不已。這段歷史給了我們一個深刻的提醒：當一個人讓欲望失控，再高的地位也難以保全。

留一點空白，才能過得剛剛好

不論是野豬還是藍玉，他們的共同點就是「太想要更多」。但事實上，人生若想走得長遠、過得踏實，適度的節制與克制反而是一種智慧。

不是什麼都要最好、最多，才能幸福。有時候，剛剛好就很好。想要更多沒錯，但在追求的過程中，也要學會適時停下來，問問自己：「這是我真正需要的嗎？還是只是想要多一點？」

幸福，不是來自欲望的滿足，而是來自內心的穩定與知足。當我們能學會控制自己的欲望，生活反而更輕鬆，也更有餘裕享受過程中的每一步。

其實人本身有欲望，並不是一件可恥的事，是出於人類的本能。但關鍵在於，是人能控制欲望，還是被欲望所控制。如果人能夠掌控欲望，那麼欲望非但沒有壞處，反而能促使人們奮發圖強；但如果人們淪為欲望的奴隸，那終將陷入萬劫不復的深淵。

7 重新發現「富有」的定義

◆擁有金錢，就等於富有了嗎？

當我們談到「富有」這兩個字，大家腦海中的景像可能是坐擁金山銀山一樣的畫面吧？畢竟，誰不想擁有「財富自由」的生活呢？但先別急著下結論！難道所謂的「富有」，只能用金錢來衡量嗎？

你也許對這個答案毫無疑問，但其實問題的解答並不如我們所想的那麼單純。在法國作家莫里哀的作品《吝嗇鬼》中，就生動描繪了一位「有錢的窮人」的角色，讓人看了不禁啞然失笑。

財富多寡，不代表心靈富足

故事裡的富商阿巴貢，簡直是守財奴的典型代表。他對金錢的執著到了讓人咋舌的地步，不僅苛待家人與僕人，甚至自己也常常餓著肚子上床，只為了多省點錢。他不僅強迫兒子娶個有錢的寡婦，還要求女兒嫁給富有的老爺。更扯的是，當他埋藏在花園裡的錢被人給挖走時，居然痛哭流涕，讓人不禁想問：有錢了，還能過得這麼慘，究竟是富還是貧呢？

阿巴貢確實擁有很多財富，但他從來沒有感受到富有所帶來的快樂。反而，他的生活充滿了焦慮和恐懼，最後，甚至比真正的窮人還要悲慘。

每個人心中都有不同的「富有」

所以啊！擁有金錢並不等同於富有，這點真的要打上一個大大的問號。

事實上，真正的富有是因人而異的！比方說，生病的人會把健康視為最大的財富，即使他擁有百萬錢財，卻買不到健康；而窮人，可能會把金錢視為富有的象徵，即便他身體健壯如牛。某些富人，最渴望的其實是愛與真情，因為他們缺少的是那份溫暖的連結；還有些人則可能把智慧當成最珍貴的財富，因為他們總是因為自己的無知而吃虧。其實，有時候，聰明反倒活得累。

正如那句話所說：「大智若愚，大巧若拙，大富若貧，大貧若有。」許多時候，我們真正渴望的，往往不是表面上的滿足，而是內心深處的平靜與踏實。

舉個例子！真情實意，這是很多人都渴望卻常常忽略的東西。富人或許擁有了所有的物質，但他們往往缺乏的是那份真誠的情感。相對地，貧困的人可能擁有更多的真情實感，因為他們懂得珍惜身邊的一切。

年輕時，我們或許會害怕貧窮，到了某個年紀，卻開始理解知足的心，才是真正的富足。

用愛與奉獻活出真正的富足

想想看，那些我們最為尊敬的人，往往並不是最富有的人。例如，德蕾莎修女。她出生在一個富裕的商人家庭，卻毅然決然放棄了家庭生活中一切的便利，過上了簡樸的生活。儘管她的物質生活簡單得幾乎可以忽略不計，但她的精神世界卻是無比富有的。

德蕾莎修女一生致力於幫助貧困中的弱勢群體，尤其是那些瀕臨死亡的病人。她的愛與奉獻，不僅溫暖了無數人的心，也改變了他們的命運。每當她在街頭緩緩走過，伸出手去握住一個瀕死窮人的手時，那份溫暖的力量，勝過任何的金錢給予。

她曾經說過：「我們所做的不過是汪洋中的一滴水。」這句話多麼樸實，卻又充滿了智慧。她不為自己謀取名利，也不炫耀自己的善行，她只是以最真誠的微笑，對待每一個需要幫助的人。

最終，德蕾莎修女去世後，印度政府為她舉行了國葬，全國為她哀悼。她的生活，雖然極其簡樸，卻充滿了愛、奉獻和尊嚴。她是世界上最富有的人，因為她擁有的是不求回報的愛，給予愛，也收穫愛。

所以，我們不妨停下腳步想想：你心中真正的「富有」是什麼？是帳戶裡的數字？還是那些讓你心靈踏實、日常中閃光的片刻？

對於什麼是財富，我想現在對於不同的讀者來說，每個人都有各自不同的定義了吧！有的人或許認為是友誼，或許有的人認為是金錢，有的人認為是知識，有的人認為是經驗，有的人認為是意志，有的人認為是時間，有的人認為是希望，有的人認為是食物……然而這任何的一切都可成為財富，只要你認為那是財富，對你來說那就是財富；你的觀點，決定了一切，因此，你也可以創造屬於你自己的財富。

8 設立「停損」，更要懂「停利」

◆懂得退場，是一種成熟的選擇。

隨著社會經濟的發展，越來越多人開始接觸理財與投資。說實話，現在投資好像成了大家生活中的一部分，大家都想學點東西，讓自己的錢「跑」得更快。但在這之中，有一個常被提及的投資術語，也許對我們的生活有著意想不到的啟發，那就是「停利」。

「見好就收」，不是放棄，而是智慧

「停利」，聽起來像是很專業的投資術語，但其實它的意思非常簡單：當你的投資達到目標價位時，就該停手，獲利了結。簡單來說，就是見好就收，不要總是幻想能在最高點賣出，這樣只會讓自己處於一種永遠在追求「極限」的狀態，而錯失了原本應得的成果。其實，我們在生活中，我們也需要設立這樣的「停利點」。當事情發展順利，是否也該適時停下，給自己一點喘息與思考的空間？否則，過度的追求與不知滿足，只會讓人陷入永無止境的焦慮與壓力。

這樣的智慧，其實早有歷史範例。以漢朝的張良為例，在完成輔佐劉邦的使命後，他選擇急流勇退，保留了自己的清明與安全。而另一位名將韓信，雖戰功顯赫，卻因未能適時退場，最終命喪宮廷。由此可見，「見好就收」不只是投資策略，更是一種人生選擇。

在我們的人生道路上，有時候「見好就收」真的比「乘勝追擊」來得聰明。正如那句古語：「甘飴飲至微醺處，鮮花須看半開時。」最美的狀態，往往就在剛剛好之間。當我們身處順境、處於高點時，也許更該謹慎行事，避免因為一時的衝動或過度樂觀而做出讓自己後悔的決定。

珍惜已擁有，才是真正的富足

「知足常樂，終身不辱；知止常止，終身不恥。」這樣的道理，其實適用於我們生活的每一個層面。不管我們的生活有多順利，都該記得，「人無千日好，花無百日紅。」所以，真正的智者，是懂得在最佳時機停下來，鞏固眼前的成果，並給自己一個調整的時間，而不是不斷追求過度的完美。

當然，「見好就收」並不是說要放棄，而是學會珍惜當下的成就。無論是工作、感情，還是生活中的其他方面，當我們處於一個高峰時，切忌貪心！我們不需要每一件事都追求滿分，才算成功。相反地，能夠停在八十分的位置，好好享受、珍惜當下的成果，反而是一種更長遠、更穩定的幸福。

所以，不妨給自己一個「停利點」：不是因為失敗才退場，而是因為懂得什麼時候「夠了」，才成就真正的成熟與圓滿。畢竟，當我們在追求更多的時候，可能會付出遠超過我們預期的代價——這樣的教訓，誰也不想在自己身上重演。

其實，我們每個人手中都已經擁有很多幸福：愛自己的人、舒適的工作、溫暖的家庭，這些不就是已經非常美好嗎？為什麼還要去追求那如鏡花水月般的遙不可及呢？給自己一個停利點，珍惜當前的一切，也許這樣，你會發現，人生已經足夠美好了。

得到了幸福，就緊緊抓住，如果還沒得到，就請你放下心

中那份喧囂，用最好的心情來尋找，來等待。相信用不了多久，幸福就會找上門來的。而當幸福登門的時候，切記，你一定要見好就收，不要因為想要更多而將它錯過。

第 5 章

工作不必滿格，八成力氣剛剛好

1 勤忙忙，窮盲盲

◆人太忙，會讓身心皆盲。

李宗盛唱過一首歌叫《忙與盲》，光是歌名，就讓人心頭一震。裡面的歌詞更是戳人心肺，每句都像在辦公室角落裝了監視器——

「生活是肥皂、香水、眼影、唇膏，許多的電話在響，許多的事要備忘……忙是為了理想，還是為了不讓別人失望？」

講真的，有沒有一種被看穿的感覺？我們每天看似在「生活」，其實只是在「忙著活著」；像在追趕什麼，但連自己也說不清，究竟在追什麼。

我們在忙什麼？又為了誰？

你可能會問，是為了賺錢嗎？但我們的生活開銷其實也沒誇張到需要這樣燃燒自己。

是為了理想？我們確實熬夜追過夢，也報名過幾個線上課程，結果理想依舊高高掛在雲端，距離現實大概有一萬步。那麼，是不是在逃避什麼？壓力？孤單？還是那個越來越陌生的自己？

我有個朋友 Rita，是公關公司的客戶經理，她常自嘲：「我不是女強人，我只是窮忙人。」

某天，她一邊喝著三分糖的拿鐵，一邊跟我講她的日常。進公司沒多久，就被同事追著報告客戶投訴沒收到信，結果她發現信件是因為標題錯了所以被退回。剛補完信，又要處理展場設計被打回來的提案，她這才想起忘了把上級的意見轉達下去……接著人資又來提醒今天是考核截止日，她連午餐都沒吃就坐在電腦前整理資料。

她長嘆了一聲說：「我根本不記得自己上次靜下來喝完一杯熱咖啡是什麼時候了。」

當連喘口氣都要排進行事曆時

你看，我們的生活是不是也差不多？每天像陀螺轉啊轉，一邊轉還要記得微笑、說早安、回 email、拍限動、打卡、傳 line、順便偶爾 po 個正能量語錄，證明自己「過得很好」。

可是，真的好嗎？還是只是看起來很好？

我們常常忙得太專業、太優雅，連崩潰都得排進行事曆。但到了夜深人靜，關上房門、卸下濾鏡的那一刻，會不會也有那麼一點點不確定：我，到底在趕哪一場？會不會，其實早就迷路了？

古人說：「淡然虛曠而其道無窮。」那真不是他們文青，而是因為他們真的有時間發呆、有餘裕發現水流樹影很美、春日夕陽很暖。反觀現代人，把行程排到凌晨一點，還說自己「熱愛生活」。

其實我們不是不想慢下來，是不敢停。因為怕一停下來，就會發現自己早就忘了怎麼好好生活。

給自己一種不委屈的生活節奏

人生不是一場比賽，不會因為衝刺最快就能提早退休。你一路衝刺，也不過是換來下一段更難的賽道。忙，沒關係；但忙到盲目，就該提醒自己了。聰明的人，會在「趕路」之間，停下來喝杯茶，看看風景，順便把眼影補好。

真正聰明的人，不是永遠看起來很強，而是懂得什麼時候該快，什麼時候該放。

我們總以為效率是唯一的衡量標準，卻忘了生活也有一種「體感溫度」。如果你自己都感覺太累，那就真的該休息一下。

別再把忙碌當成成就感的偽裝，也別讓自己在世界裡四處拼湊，卻忘了怎麼跟自己相處。我們不需要滿分，也能過得很好。你值得一種，既不委屈，也不空虛的生活。八十分的剛剛好，有時比一百分更踏實。

「結廬在人境，而無車馬喧；問君何能爾，心遠地自偏。採菊東籬下，悠然見南山；山氣日夕佳，飛鳥相與還。此中有真意，欲辨已忘言。」陶淵明已經頓悟，久在樊籠裡，復得返自然。那你呢？

2 你是不是成了職業危機感的奴隸？

◆高度責任心與過度危機感只差一點點。

你最近也有那種「啊不對，我是不是快被淘汰了」的感覺？

某報和某人力網站聯手做了一份調查，找了四千六百五十二位正處職場壓力高峰期的上班族進行「職業危機感」問卷。結果，百分之九十・五的人點了頭，剩下那百分之九・五可能還在排隊等輪班填問卷。簡單說，十個人裡，只有一個人可以睡得安穩、起得自在，其餘九個半夜三點醒來想的不是愛情，就是履歷該更新了沒。

這份調查還順便幫我們把「危機感三巨頭」排出來了：

• 競爭壓力大（百分之八十二・一）：就好比你正忙著開會，身旁的新人早已用 Notion 計畫好了未來三個月的簡報節奏。

• 發展空間小（百分之七十七・三）：升遷的梯子怎麼永遠只有兩階？

• 超負荷工作（百分之四十七．九）：手機、筆電、KPI全都在輪番向你討債。說真的，看到這些數字一點都不令人驚訝，我們每個人不都在工作與生活的夾縫中努力求生？不是被老闆壓著飛，就是被KPI追著跑。「職業危機感」幾乎成了現代工作的基本配備，不再是偶發的焦慮，而是長期伴隨的生活狀態。

學生時代學子的任務單純，只要乖乖上課交作業，就算有一兩科紅字，也還有機會補考，安全感滿滿。現在不一樣啦！一個個得靠本事吃飯，你有本事，就吃海底撈；沒本事，嗯……可能就要自己煮泡麵還不能泡太久。

看不見的壓力，正在悄悄推著我們跑

我們來看看一位真正的「職場活教材」──張經理的故事。

對於職業危機感，新莊某食品公司的張經理有她的看法：「現代人多少都存在著職業危機感，尤其是女性，家庭事業兩頭燒，有時更是苦不堪言。」

張經理以自己為例，她剛進公司時是大專學歷。這學歷現在聽來是低了點，但當時還算可以，再加上年紀輕、肯吃苦，一門心思都在工作上，頗受老闆賞識，半年內從基層員工升任主管，兩年後便坐上了現在經理的位置。表面看來一切順利，但她說，職業危機感從沒真正消失。

剛工作時擔心業務能否勝任；結婚後則怕有了孩子影響工作，擔心好不容易拚來的位置被別人擠掉。這麼多年下來，位置應該算坐穩了，可又有了別的憂慮；現在坐穩位置，焦慮則轉向學歷、年齡，以及與年輕世代的溝通斷層。

有一次，張經理在業務會議上發了脾氣，結果午休時卻無意聽見茶水間裡正揣測她情緒不穩定是否為「更年期」的碎嘴談笑，雖然沒指名道姓，但心裡難免受傷。

為此，儘管張經理身居要職、工作繁忙，但還是抓緊時間持續受訓進修，以彌補自己學歷上的不足。但這麼做的代價便是留在家的時間越來越少，有時一個星期都不能好好跟丈夫、兒子說上幾句話。張經理心裡感到歉疚，只希望進修盡快告一段落，休假的時候再好好陪陪家人，然後繼續投入新的「戰鬥」。

張經理的故事，反應了「職業危機感肆虐」是一個嚴重的社會問題，因為尋常人一生之中有大半時間投身職場，事實顯示職場中的種種壓力正是導致我們不快樂和缺乏安全感的罪魁禍首！

危機感背後的三種行為模式，你中了幾項？

現代人的生活壓力大，一旦有了職業危機感，往往容易心浮氣躁，目光短視，又如何談得上能視個人長遠發展進步提升？顯然，這對於不論是身在職場的個人或是社會的良性發展，都沒有益處。

拋開大環境下的「社會危機感」和「生存危機感」不談，我們把問題聚焦在「職場」，究竟是什麼因素導致了現今社會的職場工作者如此缺乏安全感呢？我們來看看以下幾種深具職場危機感人士的典型表現：

- 只顧工作而忽略健康：典型的拚命三郎，為了工作，可以不顧一切、廢寢忘食，缺乏健康意識，不喜歡戶外運動，不鍛鍊身體，表面上身體狀態看似正常，其實已逐漸出現亞健康的現象。
- 一心求表現而忽略同事關係：平時不喜歡和同事說話，更談不上跟同事交流彼此的工作想法，自認為比所有同事都高明，不聽也聽不進他人意見，認為自己的工作一個人便能處理好，且不願參加同事間的集體活動。
- 想藉著人脈勢力向上爬：職場總不乏這種靠關係的類型，他們和某單位聲名顯赫的高層關係密切，狐假虎威，把人際關係勢利化。忽略與其他同事的溝通聯繫，不顧基礎的人情世故。

別讓職涯變成長期競賽

職業的危機感源於自身，並不只是壓力的結果，更是我們對自我價值不斷質疑的表現。我們總想更快、更高、更好，卻忘了，穩穩地過，也是一種本事。但究竟是誰說升職加薪才叫成功？但如果你能在晚上十一點準時洗完澡、關燈、蓋好被子安然入睡，這樣的日子，也值得稱為一種成功。

我們當然可以努力，但也要記得：人生不是與人較勁的競賽，而是一場人人皆有獨自特色的長途旅行。該衝的時候衝，該停的時候就別硬撐。畢竟，誰都想爬上高峰看看風景，但要是沒力氣欣賞，那風景再美也只是壁紙而已。

所以，在人生的職涯裡，不要讓自己成為焦慮的奴隸，而是主動選擇剛剛好的步調，走得不疾不徐，不委屈，也不空轉。活出屬於自己的節奏與安穩吧！

儘管我們不可能像孩子一樣無憂無慮，也不能隨時像仙人一樣悠然自得，但我們至少可以從古時的智者身上見賢思齊，保有一顆平常心；不要總是緣木求魚，找好一個更適合自己的位置，這樣我們就會坦然得多了。

3 何不學習心臟的工作態度？

◆人體，往往是你我最全面的導師。

這年頭，過勞死的新聞多到像便利商店一樣轉角就有，不管你是誰，只要一忙過頭，好像連命也會跟著忙掉。這讓從小被灌輸「勤能致富」的我們大感震驚：「什麼？努力工作還有可能直接掛掉？」

但這實在不能怪我們。現在的職場節奏根本像 YouTube 開二倍速，每個人都像上了發條，一天二十四小時根本不夠用。資訊爆炸、競爭激烈，一方面得努力學新東西，怕自己被淘汰；另方面，工作量大得像永遠寫不完的 To-Do List，搞得人身心靈都快當機。

我們對健康的態度，往往是「沒生病就算好」，但其實看待健康，就像感情一樣，不經營就會出問題。

別讓昏倒成為健康的最後通知單

來，我舉個活生生的例子給你聽。

現年僅二十九歲的金融業精英張先生，從沒想過自己不到三十歲就得被迫提前開始退休般的生活。

事情發生在去年的某天深夜，正在辦公室加班的他忽然陷入昏迷。同事們趕忙將他送往醫院。所幸經過幾個小時的搶救，儘管神情憔悴，第二天他終於醒了過來。原來，這已經是張先生連續熬夜加班的第三個晚上了。

由於從事的是競爭激烈、壓力極大的金融領域，張先生平時就十分繁忙，而最近他又參與了公司的一個投資專案，工作變得比往日更加辛苦，不但飲食作息不規律，還長期缺乏運動，身體早已吃不消。於是，終於發生了上述的那一幕。

張先生的主治醫師胡大夫表示，由於張先生長期精神壓力過大、工作時間過長，缺乏休息，身體時常處於超負荷運轉狀態，這就是病發的誘因。所幸張先生在狀況輕微時病發得早，如果不是這次暈厥示警，讓他開始留意自身健康，他很可能會因為長期疏忽而誘發心臟病，甚至產生猝死。儘管張先生已脫離險境，但醫師仍建議張先生務必調整工作型態，以免健康持續惡化。

其實，那些長期處在高壓狀態之下的人們並非對自己的過勞毫無警覺，但「知道」和「做得到」是兩回事。生活就像一台暴衝列車，你知道該煞車，可煞車早被忙碌壓壞了。

心臟怎麼工作，你也該怎麼活

此時，「八十分就好」的生活態度提醒我們，應該學習心臟的工作規律。

你知道嗎？那顆拳頭大小的心臟，每天輸送七噸的血液，扛起全身上下的能源供應，就像是一人分飾n角的超人，卻從不過勞。為什麼？它懂得休息，也懂得自我照顧。

我們來瞧瞧它的工作模式：

- 每跳一下，工作〇．三秒，便休息〇．六秒，等於上班時間有三分之一在工作，另外三分之二在休息（正好與人類的作息相反）。
- 晚上更進入六小時制睡眠，心跳得慢、休息得久，懂得放慢節奏。
- 它從不拖延、不過勞、也不熬夜開會，更不參加「拚命三郎」俱樂部。
- 最厲害的是：它知道「得優先把自己照顧好」。雖然只占體重的百分之〇．五，卻霸氣地拿走全身百分之十的血量，因為它知道：「如果我垮了，全身都完蛋了。」

還有一點，心臟超懂得「情境式調整」。當你跑步時，心臟會自動加快腳步；一旦睡著，馬上又轉變為休眠模式。就像是一個高情商又懂分寸的同事，既能衝也能撐。

給自己一點喘息，也是一種長久的努力

所以，我們到底該從心臟身上學到什麼？

- 該休息的時候就休息，不要覺得休息是偷懶：連心臟都知道要花三分之二的時間休息，你為什麼要一直工作把自己演成苦情劇主角？
- 生活要有規律，盡量別日夜顛倒：再忙也請記得吃飯、睡覺，不然未來得用更多時間補健康，還不一定補得回來。
- 別把自己當成沒有使用期限的發電機：張先生會昏倒不是因為他不夠努力，而是因為他把自己當成了不需充電的發電機，太忘我。沒有人能無限燃燒。
- 聽自己的身體說話：你不是不能忙，而是不能一直都在忙。偶爾慢下來，不是輸了，是選擇活得久一點。

最後，送你一句我自己覺得非常受用的座右銘：

「誰不懂得休息，就無法好好生活。」

希望你今天能比昨天提早半小時下班。記住！就連心臟都會安排自己休息，你也可以。

春種、夏忙、秋收、冬藏，自有其規律不滅；發芽、生根、開花、結果，萬物因其規律而長存。我們不能做到永生，但為了自己的健康、親人的快樂、家庭的幸福，則必須養成如心臟般勞逸結合、張弛有度的好習慣。

4 偷得浮生半日閒，隨時從忙碌中抽離

◆生命永遠有自我選擇的空間。

有時候，我們忙到像在演一齣都市求生實境秀——從太陽升起的那一刻開始演到月亮打卡下班，腳步快得連早餐是什麼口味都忘了。結果回顧這一年，年紀長了一歲，人生進度條卻像當機似得還在原地打轉？

忙，已成現代人的標準配備，但若你們忙得烏煙瘴氣、灰頭土臉，卻連為什麼忙都說不出個所以然來，那可不是「活出自我」，而是默默啟動了「自我毀滅裝置」。

所以，適時的忙裡偷閒，就像是拉開窗簾讓陽光進屋一樣簡單必要。別小看這幾分鐘的呼吸與沉澱，它不會讓你錯失什麼重要郵件，卻可能救你免於一場精神內耗的七級海嘯。

八十分的節奏，才是長久的效率

「八十分就好的工作哲學」是什麼？簡單來說就是：該拚命的時候拚命，該放空的時候，就請你狠狠地、用力地、理直氣壯地耍廢一下。這不是放縱，這是你對自己負責的成熟表現。

我們都聽過那句經典台詞：「時間猶如海綿中的水分，努力擠還是會擠得出來的。」但沒人說過要擠到脫水啊！偶而偷個閒，讓生活的水分滋養回來，不然你的人生可能會乾枯到龜裂喔！

事實是，是人就需要靠工作來養活自己，更得不斷精進自己的能力，才能在職場繼續打怪破關，持續升級。

但每天夢想與現實拔河，隨時像在上演一齣小劇場：現實當頭，再不喜歡的也得處理，還得表現出自己絕對沒問題的氣魄，壓力讓你不得不撐下去。久了，你可能只剩下撐，沒了生活。

但你要知道，人生就像甜點櫃裡那塊限量的蛋糕——不趁熱享用就會涼掉。別等到終於有空時，才發現力不從心，笑不出來，朋友圈只剩靜音群組訊息。

真正有效率的人，其實都在偷閒

你可能會問：「連泡麵都沒空吃的人究竟該怎麼忙裡偷閒？」

答案其實很簡單，重點不是再多做什麼，而是減少被一堆瑣事給綁架。不論你是誰，每個人天天都只有二十四個小時，然而，但為什麼有的人功成名就，有的人卻蹉跎一生呢？區別就在於他們能否善加利用自己的時間。

耀華的公司近日新招聘了兩名業務員，兩人來自同所大學的同個科系，在工作中接受的任務也大同小異。但經過了一段時間，兩人的工作狀況大不相同。儘管張君每天忙得焦頭爛額，工作進度卻差強人意；反觀李君，不但完成了工作進度，且看起來輕鬆自如。張君的問題出在哪裡呢？

問題在於兩人對事情的輕重緩急排序不同。

張君每天工作最先處理的是「急事」，有客戶打電話來要資料，張君便立馬放下手邊的工作先準備資料；當主管詢問他手上的報告，他便坐在電腦前準備報告內容；有時甚至需要外派出勤……自己的工作節奏總被外務打亂，陷入了時間管理的圈套，每天都像是在救火。當然，在他忙得焦頭爛額的同時，內心深處還會擁有一種「自己被許多人需要」的成就感！但長此以往，當任務無法趕上進度時，他就像是在瞎忙，事情永遠都做不完。

而李君不同，他的工作順序是：先輕重，後緩急。在考慮工作的先後順序時，他會先掂量一下事情的重要性。同樣是客戶打電話來要資料，李君會問客戶能不能給他一些時間，等他把手中工作做好再準備；如果主管要求他寫報告，李君會問報告的重要性，若手頭上的工作比較重要，李君會稟明主管，主管也多半能體諒……。

這樣，等忙完了重要的事，再回過頭來完成其他任務，反而更加得心應手，比張君那種遇事就忙，結果什麼都做不妥的工作方式，顯得有效率多了。甚至，李君還能常常在毫無壓力的情況下安排特休，看在張君的眼裡，真是羨慕又望塵莫及。

人生不是打卡機，也需要甜點時間

其實，上天是公平的，任誰的一天都是二十四個小時。差別只在於：你是讓生活推著你跑？還是你主動牽著生活的手，走一條剛剛好的節奏？

請記得，你除了對工作負責，更要對自己好一點。畢竟，人生不是只有工作責任，還應該有點浪漫、有點甜，有點「今天不想回訊息」的小叛逆。

偷閒，不是浪費時間，而是替自己找回一點點呼吸的空間。試著把日子過成你喜歡的樣子吧！哪怕只出了八十分的力氣，也比用盡全力後只剩灰燼，更值得。

「

其實，我們不難看出，李君比張君高明的地方就是他懂得分清楚工作的輕重緩急！用時間管理的方式來提高工作效率，這樣不僅工作更有成就感，而且人也輕鬆了。試問，我們誰不想像李君一樣工作呢？第一步，請先就「偷閒抽離」的前提，決心拿回時間的主權，先學會分辨處事輕重，不隨急躁的腳步亂舞。

」

5 認識提高效率的「四象限工作法」

◆管理好時間與成果，就是卓越效率的第一步。

大家都知道「時間管理」的重要性，就像人人知道「早睡早起比較健康」一樣，但知易行難。畢竟，被 Netflix 拖去熬夜、被手機拖去滑到天亮，早已成了現代人的日常。

今天，我們不講大道理，只聊一個看似老派、但近來又被重新熱議的時間管理工具——「四象限工作法」。別急著翻白眼，它不是數學也不是命理，而是一種讓你從瞎忙中脫身的思考方式。

試著拿出一張紙，畫個十字，把每天的事情分類，就像幫人生的瑣事排隊領號碼牌。

第一象限：重要又急迫的事

這類任務通常來不及說「啊！」就已經在你面前爆炸了，比如：主管突然要的報告、今天要交的企劃、或者是你三天前忘記回覆的客戶來電（而她現在正在你辦公桌旁盯著你）。

這些事雖然逼人，但也無可逃避。唯一能做的，是在它們變急之前就先處理好，讓它永遠留在第二象限（稍後會說），而不是讓自己天天都當救火隊長。

第二象限：重要但不緊急的事

這一區是八十分生活的黃金地段。比如：規劃未來、主動學習、優化流程、好好吃頓飯、健身、睡滿七小時……看似不急，實則決定了你未來會不會一直處於第一象限的慘況。

很多人工作像打地鼠，就是因為沒空想第二象限的事。但真正高效的人，懂得把時間投資在這裡，這才是通往穩定節奏與八十分人生的關鍵。

第三象限：緊急但不重要的事

這類事情最擅長假裝成看似重要的樣子，比如突如其來的電話、會議邀請、同事敲你問：「現在有空嗎？」（然後跟你說一堆雞毛蒜皮的鳥事）。

這些事常常會打亂你原本的節奏，讓你陷入一種「我今天超忙！」的錯覺。但實際上，這些忙碌不等於生產力，大多只是幫別人解任務、卻犧牲了自己的主線。

第四象限：不重要也不緊急的事

這區，是我們的精神小角落。包含：辦公室廢話時間、IG滑到靈魂出竅、無意義地整理桌面、突然很想研究月老的香爐怎麼拜……。

這些事偶爾做做沒關係，生活總需要療癒；但重點是，要在「你有空」的時候做，而不是在你逃避重要事務時才做。

說到這裡，或許你會問：「所以我得每天拿筆畫十字，然後把事情分類嗎？」這一點見仁見智，但養成這種思考習慣很重要。每當一件事來臨時，問問自己：

這件事重要嗎？

這件事急嗎？

讓理智的大腦接手，而不是交給焦慮的小劇場，把事情放進對的位置處理，你會發現生活其實沒那麼混亂，你的時間是可以被你馴服的，而不是任憑它把你推著跑。

不要再等「哪天我比較閒」再來好好管理時間，因為那一天，很可能永遠不會來。

與其等待時間眷顧你，不如現在就開始試試看「四象限」，說不定你會開始愛上「自己掌握節奏」的爽快感。

八十分就好，不是放棄要求，而是學會什麼該先做，什麼可以緩一緩；把力氣放對地方，才有餘裕好好生活，享受真正的美好日常。

簡而言之，所謂時間管理的技巧，就是個人判斷力和應變能力的表現；因此，除了分清楚事情的輕重緩急，我們也要對自己的工作能力與進度有所掌握，並且保留一定的彈性空間。否則，承接了不管是心力、能力、體力上無法負荷的任務，就算你有再好的工作概念也是枉然。

6 大方授權，讓別人為你工作

◆個人再勇猛，也不敵團隊強悍。

當主管有時真的像是在玩一款電玩，原本以為只是養隻倉鼠，結果一轉眼竟變成一條成年巨龍。你得餵牠、哄牠、還要善後牠打翻的東西。

每個升上管理職的女人，應該都曾經幻想過「終於能自己說了算」的爽感。結果呢？換來的是手機訊息二十四小時不打烊、開不完的會議，以及下屬天天敲你說：「主管，能幫我看一下嗎？……」的無盡迴圈。一不小心，你成了整間公司最忙的那個人。

但請別忘了，你的工作並不是將自己變成一台超人機器人啊！

歷史上，三國時期的諸葛亮就是個典型例子。孔明先生可稱得上是一代人傑，三顧茅廬、火燒博望、草船借箭、赤壁之戰這些故事廣為後世之人傳誦，莫不顯示其超人一等的智慧和勇氣。

這些事情固然是他作為軍師的本分，然而等他當上丞相後卻仍然日理萬機，事事躬親，連大軍如何紮營、如何過河這樣的事都要親自過問部署，這就有點太過大材小用了；乃至後來「自校簿書」，終因操勞過度而英年早逝，留給後人諸多感慨。

而且，由於諸葛亮長久念於先主三顧茅廬之恩，白帝託孤之情，事必躬親，想一切都為後主劉禪做好，弄得劉禪整日無所事事，只能與佞人為伍，以至於後來發展成為一個扶不起的阿斗，不能不說這是諸葛亮的失誤啊！

所以諸葛亮雖然為蜀漢「鞠躬盡瘁，死而後已」，但蜀漢仍為三國之中最先滅亡的勢力。這與諸葛亮的不善授權不無關係。試想，如果諸葛亮將眾多瑣碎之事合理授權於下屬處理，而專心致力於治國大政，運籌於帷幄中，他又豈能勞累而亡，蜀漢群臣又豈能在他殞命之後出現群龍無首、不知所措的局面？

從諸葛亮的失敗我們可以看到，領導者若什麼都自己扛，最後只會讓整個團隊卡在自己手上，走不了太遠。真正成熟的管理，不是萬事親辦，而是懂得授權，懂得信任，懂得放手。

不是丟包，而是成就彼此

每個人都渴望被信任，想靠自己的努力完成一件事，得到成就感。成功的授權能充分促使下屬提高工作積極度與創造力，同時，若下屬能按主管的指示妥善發揮實力，就能真正成為我們最可靠的助手。

但是，授權並不是「你們自己看著辦」，而是要有方向、有策略。那究竟該如何授權呢？我們將其總結為以下幾點：

第一：抓大權，放小權，保持控制。在一個團隊中，不僅有繁冗的、瑣碎的日常事務，也有關係組織前進與發展的重要任務。身為主管，你不可能憑一己之力肩負團隊的所有工作。這時，就必須得分割交派任務給適當的團隊下屬來共同完成，自己則應該扮演方向決策與應對突發狀況的掌舵人的角色。別讓自己困在細節中疲於奔命，應該是站高一點，看整體節奏是否順暢。這就是八十分主管該有的格局：把時間花在真正關鍵的地方。

第二：用對人，勝過自己做。授權不是一體均沾，更不是年終頒獎，而是為了將整個團隊管理好而必須要做的一種用人策略。我們應該善用每個人才的優點，分派他們擅長熟悉的工作內容，使他們能對自己的任務得心應手，讓人盡其才。這樣也有助於凝聚員工的向心力，讓他們以身為組織的一分子為榮，更有責任心。

第三：要懂得有放有收。不可將權力毫無限制地授予下屬，而得適時地加以控制，甚至是回收。有些領導者在授予下屬權力之後就放牛吃草，這將使上下之間訊息脫節，讓自己的下屬處於「權力真空」的狀態，反而架空了自己；相反地，若無時無刻都對下屬進行全力監控，又可能導致授權的失敗。所以最有效的授權方式就是有放有收：讓他們發揮，但方向你還是要握在手裡。

第四：不要越級授權。這個原則更需要高層的領導者特別注意。在一個多層次的組織中，往往採取由中階主管負責對上接收指令、對下負責分派執行的領導體系。因此當我們在對下屬授權時，一定要掌握分寸，確認權力是否已適當授予，千萬不要越級授權，否則，只會引起各級下屬之間不必要的誤解，甚至撕裂組織團結，導致職責的混亂。

不是你太累，是你太包了

身為主管的你，若經常忙到喘不過氣，請記住這句話：

不是你不夠努力，而是你不懂授權。

真正成熟的領導，不是什麼都自己扛，而是懂得把舞台讓給夥伴。當你願意退一步，團隊會走得更快；當你放下「事事都要自己來」的完美主義，才有空間去看遠方、想大局。八十分就好，不代表隨便，而是懂得選擇把精力用在最值得的地方。你不需要成為全能女神，只要讓每個人都能發光，你的團隊，就會強大得不可思議。。

管理學大師彼得・杜拉克曾說：「精幹的組織裡，人的活動空間較大，不至於互相衝突，工作時也不用每次都向別人說明。」授權是一種領導必要的工作方式。領導者應該懂得授權的藝術，只有懂得合理授權，作為領導者的我們才可能給組織帶來長遠的發展，也能夠讓自己過上一勞永逸的日子。

7 強者不等於獨行俠

◆成功的價值，在於你能幫助團隊成功。

我們都活在「人跟人之間」的世界裡。這聽起來很廢話，但有時候，真的需要提醒一下自己——因為我們太習慣把事情往自己身上扛。彷彿只要夠努力、夠強大，就能一人單挑整個江湖。

但是，就算今天你是鋼鐵人，也別忘了旁邊還有美國隊長、雷神索爾、黑寡婦……就連復仇者聯盟都知道要組隊打怪，你又何必一人拚到天昏地暗？

你不是不夠好，而是該適時放手

如果你學過寫程式，就會知道：一個工程師一天寫幾千行程式碼，效率已經很猛了，但一套軟體動輒十幾萬行，還要測試、修bug、優化體驗……。怎麼可能靠一個人完成？

我們舉微軟為例，微軟的軟體編寫方式採工廠化作業，很多的工作甚至會外包給一些發展中國家，比如印度的高中生。他們的員工每人每天只需要編寫幾十行，甚至更少的程式碼，以實現一個最簡單的功能，比如多少個變數累加。甚至有可能連軟體編寫者自己都不知道所編的軟體是做什麼用，在微軟的軟體中，被安裝到哪個地方。

而在微軟的品質控制體系，有精通軟體系統管理的人，有精通軟體模組分解的人，那些人是微軟真正的財富。無論你擔任什麼行業的什麼職務，系統管理者只須將工作任務分解，甚至分解到連普通人都能懂的程度，然後訓練這個普通人，迅速掌握工作的技能，這才是系統管理者最重要的重要工作。

試想，以 Windows 的訊息量，如果讓比爾・蓋茲先生一個人完成的話，估計到了連電腦都要淘汰的時代，Windows 都還無法上市呢！

由此可見，團隊合作才是實現目標的理想途徑。在這個人與人的連結越來越緊密的世界裡，個人想擺脫他人，單憑一己之力實現理想，簡直是難如登天。

真正有遠見的人，不迷信個人英雄

以王經理的服裝公司為例，他在與同業競爭對手交流時，為突顯該公司的優越性，總是不停地吹噓說公司的條件有多出色，對經銷商的政策有多優惠。

當他跟與會同業提及服飾業最重要的一個環節——銷售人員時，王經理滔滔不絕地吹噓：「我們公司每個銷售人員都是黃金級人才，能說會道、戰力滿點。」與會者聽得頻頻點頭，唯有周經理笑而不語。過了一會，周經理回應：「照你這麼說，貴公司個個都是人才，有如黃金瑰寶；但敝公司的銷售人員，我只將他們視為一塊一塊的磚來培養。」

當下，現場的其他人都不太了解周經理的話中含意。

一年後，答案揭曉：王經理的「黃金戰隊」停滯不前，而周經理的「磚塊部隊」業績飛升。沒錯！任誰都想成為金光閃閃的黃金，然而黃金之用只能拿來炫耀。而磚塊本身的價值雖然低，但要知道那堅固無比的長城，也是由一塊一塊的青磚所鑄成。

組隊合作，是走得長遠的關鍵

無論古今，想憑藉一己之力呼風喚雨？太難，不論一個人能力再強，精力總是有限，總會有辦事不周、料事不全的時候，雙拳難敵四手就是這個道理；然而一旦組成了團隊，使團隊成員在統一的指揮和帶領下，相互溝通，交流協作，齊心為相同的目標努力奮鬥，並在合作中彼此互補，便能事半功倍。

三國楚漢相爭的勝者漢高祖劉邦其實是一個文不能提筆、武不能上馬的小混混，但為什麼他能夠取得最後的勝利呢？關鍵就在於他懂得團隊合作。

高祖曾問大將韓信：「你看我能帶多少兵？」

韓信說：「陛下頂多能帶十萬兵吧！」

高祖心中不悅，便問：「那你呢？」

韓信回答：「多多益善。」

高祖更不高興了：「既然如此，你為何還為我效力呢？」

韓信回答：「陛下雖不善將兵，但善領將！」

其實韓信此言並非是在吹捧高祖，就算高祖本身能力有限，唯獨具知人善任的領導力，戰無不勝，攻無不克靠韓信；轉運糧草，支援前線靠蕭何；運籌帷幄，決勝千里憑張良；衝鋒陷陣，斬將奪旗，靠樊噲。

高祖只須將他們組成團隊，發揮集體的力量就可以了。反觀戰敗的西楚霸王項羽，用韓信「位不過執戟」，用彭越不足其欲，用蒯通不納其諫，用范增氣死其人，完全不重視團隊合作，剛愎自用，完全執拗於一己之力，最後只得落得個自刎於烏江的下場。

我們不是說不要努力，而是說「別硬撐」。懂得適時交棒、信任隊友，才是真正有智慧的選擇。最好的團隊，不一定每個人都是主角，但每個人都能演好自己的角色，一起讓故事精彩。所以下次你想說「我自己來就好」時，不妨先停下來問問自己：「我是否能更信任別人一點？」因為再強大的你，也值得被團隊支持、一起完成那些八十分就很棒的美好目標。

「康泰之樹，出自茂林，樹出茂林，風必折之。」一棵健康高大的樹木，一定是從茂密的森林中生長出來的，這棵樹如果離開了這片森林，風一吹來，勢必折枝散葉。在現今社會中沒有一個人能單靠自己的力量便頂天立地，唯有組成團隊，在團隊的合作下盡可能發揮每個人的特長，使每個團隊成員都人盡其才，化作團隊優勢，再將團隊優勢化為武器，便可無堅不摧、無往不勝了。因此，無論是想實現個人理想，還是成就一番事業，一定要學會借助團隊的力量。

第 6 章

愛要有喘息空間，才不會太累

1

有時，親密也是一種障礙

◆保持恰到好處的距離，反而能讓感情源遠流長。

李季蘭的那句「至親至疏夫妻」，在我最初聽聞時也以為是她太冷血，結果現在只想感恩跪謝。

情人這種生物，本是兩個沒有血緣的陌生人，不曉得哪根筋不對才決定共度餘生？所以從一開始，這段感情的距離就註定了是場拉鋸戰：太疏，戀情不會開始；太近，又讓人喘不過氣。愛情的距離，是一門藝術。不會拿捏的人，最後往往把愛談成了壓力。

親密，過了頭就變窒息

曾幾何時，在那個令人怦然心動的瞬間，你感到對方彷彿是為你而生，讓我們有新靈相通之感；於是兩人成為戀人，開始相知、相戀、相愛，甚至之後開始一起生活。但當兩人變得越來越親密之後，你突然發現，他的某個習慣讓你受不了。這時我們不禁懷疑，兩人的愛情是不是一場誤會？兩個人根本不該在一起？

小惠最近十分沮喪，因為男友和她提出分手，而更令她沮喪的是——男友所提出的分手原因：「我需要透透氣，我覺得膩了。」

小惠無法接受這個說法。畢竟她從沒對誰這麼用心過。她學生時代沒談過戀愛，大學畢業後一進入這間公司，便認識了這個男友。初嘗愛情滋味的她迅速被愛情的甜蜜俘虜，恨不得時時刻刻都跟男友黏在一起。兩個人上班在同一間辦公室，一抬頭就能看到對方。儘管如此，小惠還是有事沒事就給男友遞張小紙條，發則親密簡訊。

下了班她就去男友住處幫他打掃房間、做飯，直到睡前才回家，週末她自然也要男友陪在身邊，不是跟他看電影，就是一起逛街，甚至連男友想和幾個朋友一塊打打球，小惠也要坐場邊等，趕也趕不走……原來，是她的緊迫盯人到了令人傻眼的地步。

這讓我忍不住想告訴她：「沒人喜歡活在壓力鍋裡，妳根本不是他的氧氣，反而是他快窒息的原因。」

成熟的親密，是「各自獨立，偶爾重疊」

很多人一談戀愛就進入修道院模式，犧牲社交、斷開自我，什麼都能豁出去，連自己的生活都能犧牲，只為了每天和他膩在一起。可惜啊！妳以為對方也捨不得跟妳分開，但人家只想逃命。

真正穩定的親密關係，不是你完全依賴對方，也不是兩人像連體嬰；而是兩個人，都還保有各自的空間，像交集的兩個圈，只重疊一點點——這樣剛剛好。心理學上說，親密有三種距離型態：「糾結型」、「疏離型」與「平衡型」。

在現實生活中，每對情侶都得面對這個問題，都面臨著「糾結」和「疏離」兩個極端的考驗：有些人的關係彷彿是重疊的兩個圈，過多地介入了彼此的生活；有些則像分開的兩個圈，沒有交集，形同陌路，無法互為悲喜。這兩個極端，都讓人痛苦，真正理智的親密距離，應該像部分交集的兩個獨立的圈，不太近，也不太遠，談一場張弛有度的愛情，在陌生人和親人間尋找合適的距離。

八十分的親密，才是真正的長久

談情說愛猶如在人生的大海上行舟，而親密關係正是海面上推動船前進的風，風強風弱掌握在兩人手中。如果風太小，船隻會喪失前進的動力，風太小，船動不了；風太大，又會掀起狂風巨浪，最後讓航行毀於一旦。所以，風要剛剛好。關係要有推力，也要有餘地。

別再用「全心全意」當藉口，把關係搞成「全占全有」。真正能留住人心的，不是「我什麼都願意為你做」，而是：「我有自己的人生，你願意陪我一起走。」

八十分的親密，不需要百分百的綁定。而是一種自在、不勉強、剛剛好的距離。因為有距離，才能有思念；因為彼此獨立，才能相互靠近。

心理學家告訴我們：「盯著一件東西看久了，你會覺得看到的東西不再是印象中的樣子，從而產生陌生感。當然，東西本身並沒有變化，只不過是你產生了錯覺。愛情也是一樣，太熟悉了往往就經不起琢磨。」如果你與他早早地沒有了距離，只會讓他對你太過於熟悉而產生淡漠的感覺；倒不如製造點小距離來反思愛情，經常用一些以往沒有嘗試過的方式進行交流，或許能帶來一些新鮮感。

2 愛得太用力，往往適得其反

◆「不知節制的愛無法持久。它就像溢出杯盞的酒漿泡沫，轉瞬便化為烏有。」——印度文豪・泰戈爾

有些人一回頭看感情史，就像回顧一場災後現場，滿地狼藉、滿腔感慨：

「我以前多重視愛情啊！結果愛情根本像是詐騙集團，得到好處就拍拍屁股走人。

曾經，我是那麼的珍惜他，但他卻把我當人行道邊的雜草，踩過就算。」

親愛的，你不是不夠好，是太把對方放在心上。愛情這東西，你一旦太認真，它就會變成一場單方面的升天儀式——只有你在高潮，對方早就開著降落傘跳機了。

太用力的愛，只會把人推遠

讓我們聽聽張先生的悲傷故事。

張先生遇到了一個女孩，覺得她就是命中注定，於是傾其所有，放棄出國留學的機會、放棄了外商公司的升遷調職，選擇留在偏鄉城鎮拚命工作，沒日沒夜地加班，只盼能盡快升職，給她富裕的生活。結果呢？兩年後，女孩說：「我想分手。」

你說，愛得深有錯嗎？不是錯，是「太用力」就容易「用錯力」。愛情這場遊戲，誰先陷入失重，誰就先輸。對方不是不感動，但被感動到喘不過氣來。他心裡想的不是「你真偉大」，而是：「我不是觀世音，為什麼要承擔你這麼多的愛？」

真正能留住人心的，是剛剛好

還記得《東京愛情故事》裡那句經典台詞嗎？「你給的愛太重了，我背負不起。」是不是很心酸？但對不起，這句話根本不是謙虛，它背後的涵義是：「拜託你走開，我只想輕鬆戀愛。」

這也是戀愛最弔詭的地方：如果你想徹底擁有一個人，就千萬別讓他覺得他已經徹底擁有你。因為說穿了，人骨子裡都略帶點犯賤心理：得不到的最香，太容易的就放桌上當擺設。當你把百分之百的愛都貢獻出去，以為自己是在表忠心，對方卻覺得：「嗯，這人沒什麼好探索的了。」

八分的愛，才長久

想像一下冬天裡的刺蝟：牠們想靠近彼此取暖，但一靠太近就會互刺，一遠又冷。最後怎麼辦？牠們只好慢慢調整，找到那個剛剛好的距離——不刺人，又能保暖。

這，就是愛情最理想的狀態。不是全靠近、不是零距離，而是八十分的親密，留兩分，給自己呼吸；也留給友情、親情刷個存在感，別讓人生整個戀愛腦。

所以拜託，別再當那個愛得像神明在施捨福氣的人了。

可以深情，但別用力過猛。可以認真，但記得保留餘地。

愛情不是拚命三郎的專利，而是情緒靈巧者的遊戲。

奉勸那些渴望愛，卻總被愛所傷的朋友們：在愛情面前，別急著全心全意地投入。在戀愛之前，先修好那堂「八十分就好」的課——學會照顧自己，懂得不因渴望愛而迷失方向。當感情開始，也別把所有力氣都壓上去。為彼此留兩分喘息的空間，繼續經營自己的生活。因為真正穩定的關係，不是時時膩在一起，而是即使各自忙碌，也仍能安心地靠近。你會發現，愛情不需要追求一百分的完美。留點餘地，才有餘韻。「八十分」的愛，不是將就，而是一種剛剛好的溫柔與成熟。

3 如膠似漆的戀人，也要有個人空間

◆八分靠近，兩分自由，愛得才久也愛得舒服。

談戀愛的時候，很多女生會犯一個經典錯誤：「我愛你，所以想知道你在哪、在幹嘛、幾點回來、為什麼不回訊息、你到底還愛不愛我？」聽起來是不是很像追緊緊的客服問卷？但拜託，男人要的是伴侶，不是定位追蹤器。

男女的不同，不是什麼驚世大祕密。從小男生打架女生畫畫，長大後一個看韓劇哭成水龍頭，一個看球賽吼得比球員還激動。這些差異不是阻礙，而是提醒我們：相愛，不代表一模一樣；愛情，不需要每件事都一起做。

想要「做什麼都一起」這件事聽起來很浪漫，實際上讓人超疲憊。如果你強迫他看你愛的灑狗血韓劇，他的靈魂可能會直接原地離線；反過來，你看著螢幕上二十幾個肌肉男追球，你能忍住不笑出聲也很難得。與其硬黏，不如各自保留一點「私人小宇宙」。

說白一點：你不想做的事，也不要硬塞給你愛的人做。這不叫陪伴，叫折磨。

戀愛不是蓋房子，不是兩塊磚黏在一起才叫穩定。真正健康的關係，是兩個人都有各自的空間，但願意每天走向彼此，而不是每天黏到彼此快窒息。

空間，是尊重，也是安全感

來看看朱小姐的故事：

有天晚上，朱小姐的丈夫跟同學聚會，直到晚上十一點多，朱小姐心想：「也該回來了吧！」沒想到，他卻打電話說今晚不回來了。朱小姐感到生氣，便給他回了句簡訊：「不想回來，就再也不要回來。」

朱小姐趴在窗戶上往大馬路上看，每當一有人影閃動，她都想會不會是丈夫，等了十分鐘朱小姐失望了。正當她坐在床上暗自傷神時，聽到門外有鑰匙開門的聲音。丈夫還是回來了，她心裡閃過一絲驚喜，但氣還是掛著，也沒抬頭看老公，只聽到他的歎氣聲。朱小姐知道，老公今晚回來得不情不願，於是誰也沒有理誰，各自睡了。

躺到床上後，丈夫想找一些話題打破僵局。朱小姐卻不想理他，對他所說的話只是附和，經過幾番話題，丈夫終於憋不住了，跟朱小姐說：「我有個想法得跟妳說，但希望妳別太在意。」

朱小姐嗯了一聲，丈夫便說：「你能不能別老在朋友面前讓我難堪？」

朱小姐聽了很納悶，不知自己何時給過丈夫難堪了，不就是打個電話讓他回家嗎？於是朱小姐說：「我沒有那意思，我只是想讓你知道，我想你回來。至於回不回來，那是你的事。」

丈夫想了想說了句：「我覺得自己一點空間都沒有，每晚你一叫我就得馬上回來……在朋友面前一點自尊都沒有……」

朱小姐聽著丈夫委屈的陳述，突然笑了起來。她想，其實丈夫只是希望能跟朋友喝喝酒、聊聊天，這個要求對一個已婚的男人來說也不算過分啊！自己為什麼不能給他點時間呢？想來自己也真是有點過分。丈夫結了婚就意味著要對自己負責一輩子了，做出對不起自己的事是絕對不可能的，也許有的時候，他只是想偷偷懶而已。

她忽然明白，婚姻不是拘禁中心，愛情也不是二十四小時巡邏的保全。想通之後，朱小姐便甜甜蜜蜜地摟著丈夫入睡了。

戀愛的距離，要剛剛好

愛情需要空間，這種空間既是自尊，也是尊重他人。畢竟人是有思想的、獨立的、完整的個體。在這個注重隱私的社會中，每個人都應該擁有自己的私人空間。

在心理學裡，有個概念叫「心理相容」：想維持長久的關係，需要縮短心理距離，但這距離不能太近。太近，會有摩擦；太遠，會有冷淡。最理想的距離，不是零距離，而是「剛剛好」。如同一隻熱愛自由的鳥，自在的生活在森林裡，我們卻為了喜歡牠偏要把牠抓來關進籠子裡，結果又會怎樣呢？

愛一個人，不是監控、不是壓力，而是讓他在自由裡，仍選擇走回你身邊。所以，親愛的，別再一直問：「你去哪？跟誰？為什麼不回訊息？」問多了，他煩，你也累。

不如把愛的力氣省一點：

八分愛他，兩分留給自己。他如果值得，那八分就夠他暖；如果他不值得，手上的兩分至少還能拿去買杯珍奶療癒自己。

人生在世，本就有多個面向。除了愛情我們還有親情、友情、事業、愛好……。在愛情的世界裡，你我不妨讓出百分之八十的空間給戀人，另外百分之二十則用來經營其他關係。只有兼顧各個面向，養成獨立成熟的人格，才能懂得付出。當戀愛雙方足夠成熟，並能尊重彼此的獨立人格與個人空間，這樣的愛情才能更長久、更牢固。

4 別讓關心成了束縛

◆與伴侶相處，不是在訓練家畜。

自從《手機》這部電影上映後，很多男人的手機就從通訊工具搖身一變，成為「外遇偵察機」。過去手機是用來打電話、發簡訊的，現在則變成戀人用來驗證忠誠的FBI裝備。訊息記錄像證物、通話紀錄像口供、備忘錄像犯罪計畫表。有多少曖昧故事因此被翻出來？我們無從得知；但毫無疑問地，若一段感情需要靠「查」來驗證，那這段關係八成已經開始滲水了。

說到這，我忽然想起網上曾看過一位人妻的懺悔文。她煩惱的不是老公偷吃，反而是老公查勤太認真——從婚前開始，這位仁兄就對她的手機愛不釋手，翻簡訊、查通話紀錄，後來還學會駭客技術，破解MSN密碼（暴露年紀了吧），連電子信箱也不放過，只為了找出一點蛛絲馬跡，好證明她有沒有偷偷跟誰曖昧。

而這位太太呢，是個文青，她在部落格寫些心情雜記，文筆不錯，留言的網友也不少。偏偏有幾個異性網友一留言表示欣賞，她老公就腦補上演劇場，怒火中燒、陰晴不定，罵留言的網友還不夠，連她一起罵進去。她心累，也無奈。明明什麼都沒做錯，卻因為對方的疑神疑鬼，把日常生活過得像在監牢。

她曾經用盡耐心安撫他，老公也承諾不再查她手機。結果呢？沒幾天又出爾反爾，破解了她的信箱，發現她跟筆友無關緊要的通信內容，卻因為對方的男性身分，吃味怒罵：「你這個水性楊花的女人，竟在網上勾搭男人！」讓太太身心俱疲。

過度的關心，是一種控制

情人間的適當關懷，會讓人感到心裡甜滋滋的；但過度的「關心」，則變成精神監控。戀愛不是當兵，婚姻也不是牢籠啊！一個人除了是某人的伴侶，更重要的也是個獨立的「自己」，若愛得太用力，有時會讓人忍不住想逃。

這樣的例子不只一個。還有個朋友文蘭也說過她的經歷：

她男友對她的關心，可說是「全方位零死角」。剛交往的時候，她覺得貼心，什麼都提醒她：「太陽大別忘了防曬」「下雨搭車別走路」「冷了記得加衣服」……

但時間久了，她開始覺得不是被愛，而是被管。每天三餐要回報吃什麼、睡前要傳訊息聊天，一天沒講電話就像要被記過。男友調職後兩人見面少，簡訊電話反而更多，連她自己都開始想：「是不是該申請單身復健計畫？」但若說分手又覺得於心不忍，畢竟男友人也不壞，就是追得太緊，讓她快喘不過氣。

這就是我們最常遇到的愛情矛盾：有人關心你，你覺得被綁住；沒人管你，又覺得孤單。關係的拿捏就像煮泡麵：時間不夠，麵沒熟；煮太久，整鍋爛。掌握火侯，真的不是件容易的事。

信任，不是靠翻手機建立的

愛情不是掌控，不是調查，不是查勤 APP，也不是心靈 GPS。真正的愛，是在不看你手機、不翻你對話紀錄的情況下，依然對你百分百信任。迷人的愛情裡沒有猜忌，只有相知相惜，即使你不發一語，對方依舊是世界上最懂你的人。

適度的關心，會讓人覺得溫暖；過度的關心，會讓人想報警。如果你愛一個人，就要給他空間——不是冷淡，而是尊重；不是放手，而是信任。

愛，不是壓力下的應對，而是自由裡的選擇。戀人之間的情感，就像煮一道好菜——鹽多了太鹹，吃不下；鹽太少太淡，又沒滋味。真正好吃的，是剛剛好。感情也是如此。互動順暢的伴侶，靠的不是默契天成，而是懂得拿捏分寸——不靠太近，也不放太遠，像伸手能碰到，但又不壓迫的距離。如果你還在摸索愛的平衡，不如試著從「八分」開始。給出八分真心，留兩分空間。讓彼此都有餘裕透氣，也給自己一點喘息。你會發現——越懂得收，愛反而越能久。

5 愛他，就別查到骨頭裡去

◆女人不見得得扮演財務大臣，除非妳對金錢特別沒安全感。

張愛玲曾經說：「愛一個人，要愛到張口問他討零用錢的地步，那可真是相當大的考驗。」但她沒說的是，如果你愛一個人，愛到不願打探他有沒有私房錢，那才是真正佛系戀愛吧！這種高段修行等級的信任，不是誰都練得來的。

在現代男女的感情世界裡，「私房錢」這詞幾乎快變成都市傳說，但它真的從來沒消失過。據說曾有記者調查，百分之八十五以上的男人在辦公室裡都設有「小金庫」。這新聞一曝光，婦女聯盟差點變成行動特種部隊，掀起一波「剿滅藏錢據點」的風暴行動。那幾天，各大超商的報紙、香菸、零食銷量瞬間跳水，連股市都差點抖了一下——因為大丈夫們一夜之間，通通淪為了無產階級。

不藏私？那只是還沒開始盤算

女人們常一邊高喊「男人有錢就使壞」，一邊連壞在哪裡、行情價多少都搞不清楚，只知道死死盯住老公的皮夾，像海關盯毒品走私一樣嚴格。這樣的日子久了，男人難免開始反擊。他們不免心想：「憑什麼你不當淑女，我卻得當個紳士？既然硬碰硬傷感情，我們改走謀略戰線吧！」於是，設立小金庫 PK 清查小金庫的無聲戰爭，就這麼拉開序幕了。

說到這兒，我得講講妮可的故事。

妮可是個精明能幹的女孩子，自從結婚後，她一直自詡為財政大臣兼總審計長，一手掌控預算、支出與帳務清單。直到最近，她赫然發現，老公竟然暗藏小金庫半年多，自己居然完全沒發現！

你可能會問：「難道家裡很拮据嗎？」完全不是。夫妻倆收入不錯，還沒孩子，不用供養爸媽，每個月甚至還有結餘，生活過得挺滋潤。但妮可老公平時既不抽菸、不去酒吧、也不買名牌，是個生活儉樸的男人。妮可本著「有需要我就加給補貼」的心態，偶爾塞點錢給老公，老公還常說不用。

結果呢？經人偷偷爆料，妮可才知道老公每個月其實還有額外補助，補助金額直接打臉他上繳的數字。妮可查證屬實，立刻火冒三丈，當場開罵：「虧我這麼信任你，別人說我還不信，結果你還真給我藏私房錢！」老公見狀，默默移駕沙發過夜，第二天不吃早飯就出門了，留下妮可一個人在家氣到吃不下午餐。

你說這搞笑嗎？還真不是。其實我們這一生，好像都在爭取「獨立」這件事。結婚前跟爸媽吵自由，結婚後還得跟伴侶爭自由。尤其在金錢這塊領地，一不小心就變成婚姻裡最容易踩雷的地方。

錢，不只是錢，是空間

其實，很多夫妻都有自己的小金庫，不是因為想隱瞞什麼，而是因為人都需要一點「自由呼吸的財務空間」。也許老公只是想買杯好咖啡、入手一雙球鞋，或偶爾犒賞自己一場電影……那些錢，未必能在「家用 Excel 表」裡報得出名堂。

講白了，只要這些錢不是拿來外遇、不是拿去賭博或亂搞，它其實沒那麼罪大惡極。而那句經典問句「家裡的錢總得有個人來管吧？」其實最合理的答案永遠都是：一起管。

因為愛是共同生活，不是角色扮演，不是你當管錢的、我當上繳的。錢是兩個人一起賺的，那麼財務透明就不該只是單向的單行道。別讓「錢」變成彼此之間的溝壑；更別因為一點點小祕密，就讓信任破產。

婚姻啊，其實就像一筆帳。有些地方要算得清清楚楚，比如房貸、生活費、教育基金；但有些地方，就該睜一隻眼閉一隻眼，比如老公偷偷買的小模型、老婆偶爾失控買的那雙高跟鞋。

日子要過得順，不是靠百分百透明，而是靠剛剛好的信任與餘裕。別讓帳單成為你們之間的隔閡；也別因為一點小祕密，就讓感情變得小鼻子小眼睛。婚姻不是零存整付，也不是隨手記帳本，有些小數點後的誤差，其實就是讓彼此呼吸的餘地。

愛情裡的財務，不必分毫不差；留點模糊的八十分空間，才有餘裕讓驚喜長出來。在互相信任的前提下，保留各自一點財務的主控權，其實很重要。愛一個人，不是要管住他的每一筆開銷；偶爾大方一點、別太斤斤計較，反而會讓彼此都輕鬆許多。說到底，抓緊八十、放開二十，有時候不是妥協，而是一種智慧。這百分之二十的自由，可能是他偷偷存下來為你準備的生日驚喜，也可能是她給自己放風的私房小確幸。如果你什麼都想查、什麼都要問清楚，等到某天生日蛋糕上沒插蠟燭、枕頭底下沒驚喜，你說，又能怪誰呢？

6 照顧孩子，是夫婦之間的接力賽，不是獨角戲

◆既然是兩人的子女，夫婦就應該共同承擔責任。

孩子是婚姻牽繫的紐帶？嗯……也許更像魔鬼氈！

有了孩子之後，夫妻倆的生活確實像多了根黏性很強、繫得緊緊的線，從尿布到學區房，現實層面緊密得跟打包行李一樣。但同時，很多媽媽的「自己」也常被默默塞進育兒的行李箱裡，久了都忘了自己原本是什麼樣子。

老公上班，孩子黏人，家裡的狗也要洗澡。人生，彷彿被按下了「灰姑娘模式」。這時候，「做自己」不再是什麼少女心的口號，而是媽媽們的求生本能。

育兒不該是獨角戲，是雙人舞

就像王小姐。她才剛生完孩子，月子還沒坐完，碰巧撞上國慶假期，本來以為這是

一場老公陪產育兒、加倍溫柔的夢幻聯動，結果老公一早就把電腦給搬到了陽台，打起網路遊戲來，還信誓旦旦地說：「半夜由我值班，孩子一哭我來搞定。」

結果呢？夜裡他感冒發燒了，吃了藥後直接斷線睡死。王小姐餵奶、換尿布、抱哄，全套跑了三輪，最後自己靠在牆上哭了，眼淚掉得比母奶還快。隔天夫妻吵到天翻地覆。

老公當然有錯，但其實很多時候，我們也可以換個說法，換個節奏。畢竟家務和育兒這種雙人舞，永遠不該是一個人的 solo 演出。

再來說說我們的另一位男主角——周先生。平常家裡就是老婆的戰場，掃、拖、煮、管娃一把抓。他呢？上班之餘就是養生躺平，直到有天老婆要帶孩子看醫生，請他「拖一下地板」。

周先生信誓旦旦的答應了，結果親自一拖才發現：「地板居然可以這麼髒。」從濕拖到乾擦，一步步下來，居然拖出一點成就感，連老婆回來都笑說：「這是誰家的樣品屋？」感動到直接交辦午飯任務。結果周先生也煮得有模有樣，甚至當了一下午保姆，體驗到「爸爸時間」的高強度模式。

晚上老婆回家，滿臉笑得跟中了樂透一樣，而他，雖然一臉累壞了的表情，但內心居然有點……開心。

因為他終於懂了：這些看似瑣碎的日常，其實就是愛的形式。不是說情話、買禮物，而是：你累了，我來撐一下。

從「不會」到「不錯」，是爸爸的成長曲線

當然啦！不是每個男人一開始就能變身「神隊友」。有的會把孩子抱得像捧炸彈，有的洗嬰兒連身衣洗到整間浴室都是泡沫，有人哄小孩結果自己先睡著，小孩卻在床邊模仿貓喵喵叫……這些都沒關係，真的。你要給先生一點時間，讓他進入「爸爸」這個角色。

媽媽跟孩子是天生的連結，但爸爸這個角色，是一步步養成的。多一點耐心、多一點信任，也許少一點碎唸——他終究會從「不會」變成「不錯」，再變成「超人爸爸」。

最後送妳一句育兒界真理：媽媽不是超人，也不必當超人。有些事，該放手讓爸爸接力；有些時間，該還給自己一點自由。因為，只有照顧了自己，才有餘力照顧所愛的家人。

曾有一派學說指出：與父親多相處，有助於孩子增長智商。因此，身為父親的人不要只想逃避，而做母親的人，偶爾將孩子交給父親，騰出一段時間來過自己的生活，不僅促進親子關係和諧，又能將乏味枯燥的產後生活變得生動有趣，何樂而不為呢？

第 7 章

盯著二十分挑毛病，不如珍惜那八十分的好

1

不滿別人，最後苦的還是自己

◆戴上挑剔的眼鏡，只會為自己製造不滿。

生活中，總有些人對身邊的朋友和家人表現出近乎苛刻的要求，尤其那些擁有理想主義傾向的人，總希望自己周圍的人完美無瑕。這樣一來，他們就能心安理得地告訴自己：「看，這樣的朋友才不會讓我的人生有一點遺憾！」於是，他們往往不斷挑剔，從對方穿的衣服到講的話，什麼都不放過。

但老實說，這樣的要求，真的有助於人際關係嗎？當你對別人有過多苛求，說話帶有攻擊性，或總愛炫耀自己有多厲害，你真覺得這樣的自己會有人願意與你深交？久而久之，說不定你真的會變成一個「孤家寡人」，然後才驚訝地發現，自己竟然成了朋友圈裡的稀有動物。

把別人的0.2，當成2.0來挑

還記得侯耀文先生的相聲《小眼看世界》嗎？他生動地刻畫了一個時時對周遭感到不滿、眼中全是他人缺點的小市民。這人看誰都不順眼：鄰居趙黑子、王老師、老趙家二小子，甚至老孫家二嫂子，總是抓著別人的錯誤不放，挑撥人家家庭和諧，結果一肚子氣把自己給憋進了醫院。最搞笑的是，當鄰居來探望他時，他才終於羞愧得無地自容。你看，這就是一個「生閒氣」的典型。

其實，我們生活中也不乏這樣的人，眼裡全是別人的缺點，卻總忽略了對方的優點。與其拿別人的短處來懲罰自己，不如放過對方，也放過自己，學著欣賞他們「八十分就好」的那一面。

說到底，每個人都是凡夫俗子。既然我們自己都不是聖人，又怎能期待他人成為完美無瑕的理想樣本？很多人之所以活得不快樂，是因為總拿放大鏡去檢視別人，卻忘了好好看看自己。

你盯的，是黑點還是白紙？

南非人權鬥士曼德拉曾為了實現種族和解，歷經無數磨難，卻從未對任何人心生怨恨。他能在困境中保持樂觀，是因為小時候有一個老師教過他一件事。

那天老師拿出一張白紙，紙上有個小黑點，他問全班：「你們看到了什麼？」

全班異口同聲回答：「一個黑點！」

老師失望地說：「這麼大一張白紙你們都沒看到，眼裡只有那個黑點。這樣的人生，恐怕會充滿不幸。」教室頓時鴉雀無聲。

不久老師又拿出一張黑紙，上頭有個白點，他再問：「那你們現在看到什麼？」

這次學生們學乖了，齊聲答道：「一個白點！」

老師開心地笑著說：「你們的未來將無限美好。」

所以，回頭想想，當你與人相處時，是總看到對方的缺點，還是留意到他們身上的光？如果你專注於他人哪裡不夠好，那麼內心自然會滿是怨氣；但若你能學會欣賞他們八十分的好，就會發現人生真的沒那麼難過。

美國眾議院前議長薩姆　雷伯曾說：「如果你想與人和諧相處，那就多多原諒別人的缺點吧。」不只是對他人的寬容，更是對自己的善待。

別忘了，有些人不完美，卻是真心對你好；有些事不是滿分，但已足夠美好。做人若能留點空間給理解、包容和寬心，也許你的人際關係，早就比現在輕鬆許多了。

與其緊盯著別人身上的小黑點，甚至拿著放大鏡無限放大，徒增煩惱，不如多看對方那八十分的優點，讓心情輕鬆些，也讓關係順一點。與人交往，本就需要包容與體諒，因為與人為善，說到底也是對自己好。《漢書》有言：「水至清則無魚，人至察則無徒。」太過吹毛求疵，終究只會讓自己孤立。對於那些無法完全符合期待的人，不妨退一步，學會「給缺點打個八折」，既看見對方的好，也給彼此留下轉圜的餘地。凡事要求一百分，看似完美，其實不近人情。懂得欣賞他人的「八十分」，也是在為自己的生活騰出更多的寬容與自在。

2

為了自己，原諒別人吧

◆懷著愛心吃青菜，要比帶著憤怒吃海鮮強得多。

我們常常發現自己難以原諒別人，尤其是那些曾經傷害過我們的人。可是話說回來，不原諒對方，對我們自己究竟有什麼好處呢？你無法放下的那些怨氣，就像一條條繭絲，把我們一層一層緊緊纏繞。你越是懷恨在心，越是被困得動彈不得。結果不是對方受傷，而是你自己變得筋疲力竭，身心俱疲。到頭來，真正懲罰自己的，不正是那份你不肯放下的仇嗎？

當寬容，變成一種力量

來，讓我們聊聊林肯的故事。

話說有一次，在競選前夕，林肯先生在參議院發表演講，結果被一位參議員羞辱。

那位參議員站起來說：「林肯先生，在你開始演講之前，我希望你記住自己是個鞋匠的兒子。」

沒想到林肯不怒反笑，語氣平靜地回答：「我非常感謝你提醒我這一點，我父親已經過世了，我會記住你的忠告。至於做總統嘛！我知道我無法像我父親那樣做一個好鞋匠。」

這時，整個參議院瞬間安靜了。林肯接著轉身對那位自以為是的議員說：「據我所知，我父親曾經為你的家人做過鞋子。如果你的鞋子不合腳，我可以幫你改一改。雖然我不如父親厲害，但從小也跟著學過一點。」

然後，他轉向全體參議員，說道：「如果你們之中誰的鞋子是我父親做的，還需要修理或改善，我會盡力幫忙。不過有一點我可以保證——我父親的手藝，是無人能及的。」

結果，所有的嘲笑聲轉瞬變成了真誠的掌聲。

有人批評林肯為何對政敵那麼寬容，認為他應該強硬一些，打擊或消滅對方。林肯微笑著回應道：「我們不正是在消滅政敵嗎?當我們成為朋友時，政敵就不存在了。」

同樣的，他的寬容也體現在對待美國南方的叛軍上。在南北戰爭結束後，林肯簽署了特赦令，赦免了所有參與叛亂的南方士兵和將領。在那次勝利慶功宴上，當林肯夫人舉杯祝賀「敵人被擊敗」時，林肯立刻打斷了她，溫和地說：「我們沒有敵人。所有人都是美國人。」

憑藉著這份寬容，林肯成為了美國歷史上最受尊敬的總統之一。今天，在林肯紀念館的牆上，刻著這段話：「對任何人不懷惡意；對所有人寬大仁愛；堅持正義，因為上帝讓我們懂得正義；讓我們繼續努力去完成我們的事業，療癒我們國家的傷口。」

這不只是一位政治家的格局，更是一位成熟心靈的選擇。

把仇恨收起來，你才能走得遠

有句話是這麼說的：「不能生氣的人是傻瓜，不去生氣的人是智者。」如果你無法放下仇恨，那麼內心就無法快樂。你的心將沉浸在對過去的懊悔、痛苦中，還要被未來的恐懼、憂慮和煩惱困擾。人的大腦和神經若總是負擔沉重，心靈也會隨之紊亂，沒有片刻的喘息。如果你無法放下仇恨的重擔，你會發現自己可能總因一些小小的摩擦而與別人隔絕，終究將過著沒朋友、沒伴侶的孤獨生活。

我們或許無法做到像聖人一般的愛自己的仇人，但至少，為了自己的健康和快樂，學著放下、原諒，是一種最聰明的選擇。

當然，要寬恕那些曾經侮辱或傷害過你的人，並非易事。英國學者路易士小時候也曾飽受創傷。他童年時被老師羞辱，一生幾乎無法釋懷。直到臨終前，他在信中寫道：「兩個星期前，我終於醒悟，寬恕了那位曾讓我擁有痛苦童年的老師。多年來，我持續努力想原諒他，放下傷痛對自己的折磨，現在我終於確信自己做到了。」

當仇恨成為一種習慣，想打破它確實不容易。我們必須反覆練習才能完全擺脫它。當傷害越深，需要的癒合時間就越長。可只要你願意練習，時間終究是最好的療傷藥。

寬恕，讓我們回到八十分就好的自己

法國國大文豪雨果曾說：「世界上最寬闊的是海洋，比海洋更寬闊的是天空，比天空更寬闊的是人的胸懷。」

沒有人生來就會寬恕，有時我們也會想，既然自己那麼痛苦，為什麼還要對對方好？但其實，寬恕不是為了別人，而是為了我們自己。也許你無法做到滿分的慈悲，也不需要做到滿分的寬容，但只要你願意做到「八十分就好」的釋懷，就已經足夠讓自己回到平靜、輕盈的狀態了。

別再為仇恨拉低人生的分數。放過別人，其實就是放過自己。畢竟，在這滾滾紅塵中，我們每個人都是過客，何必讓心，被沉重的執念拖住了步伐呢？

當你遭受到他人的傷害，若終日抱恨、一再哀怨的訴說自己的不幸，始終無法原諒對方，那是在拿對方的過錯懲罰自己，除了使自己失去更多生活中的美好之外，又能怎樣呢？原諒別人就是善待自己，所以，為了自己，原諒對方吧！

3 挫折和苦難，是偽裝成魔鬼的天使

◆在人生每一次的考驗中，都藏著禮物。

在近代的世界文化史上，有三位獨特的著名「怪傑」，他們各自有著一些讓人瞠目結舌的特殊才能：文學大師彌爾頓雖然失明，卻寫出《失樂園》；音樂巨匠貝多芬雖然失聰，卻譜出撼動人心的交響樂；小提琴演奏家帕格尼尼口不能言，卻用無與倫比的技藝征服了全世界。如果我們把人生看作是一把直尺，挫折和失敗就像上面那一個又一個的刻度，那麼，人生真正有意義的，正是那些在困境中留下刻度的地方。

遭遇否定，也能活出光亮

曾經在《楊瀾訪談錄》中，主持人問梁家輝：「對於曾經傷害過你的人，你恨不恨？」他淡淡地回答：「我要感謝他們，讓我經歷了這麼多，讓我明白了自己其實是一個平凡的人。」這句話聽來雲淡風輕，背後卻藏著他多年來的苦澀歷程。

你知道嗎？梁家輝的這句話並非隨口說說的。他從一個無名小卒一路成長為一位知名的國際巨星，一路上可是經歷過人們難以想像的坎坷辛酸。他曾憶起自己剛入行時的某次經歷：當時的他還是無線電視台的一名學員，某天給周潤發的戲扮臨時演員。為了讓角色更有特色，梁家輝把手放在西裝口袋裡，想假裝掏槍。但當他一推開門進場，導演立刻不客氣地大喊：「你是誰？這是在幹什麼？你以為自己是誰？拿破崙啊？」

聽到這你是否笑出聲？可想而知，當時年輕的梁家輝勢必無比尷尬。更誇張的是，當時這位二十六歲的影帝居然一度被封殺，為了生活，不得不擺地攤、當小販。試想，這一路上他所遭遇的白眼與傷害，恐怕數也數不清。但正由於他能把這些歷練轉化為養分，才一步步東山再起，開創了日後輝煌的演藝事業。要是當時他選擇放棄，今天我們就不會看到那個氣場全開、眼神銳利的梁家輝。

他做對了一件事——不是把焦點放在那扇關上的門上，而是慢慢找到了那扇命運為他開的窗。

看似不公，卻是一種祝福

我們再來聽聽失去視力與聽力的教育作家海倫・凱勒怎麼說：「我感謝上帝，他雖讓我身體殘缺，卻教會了我如何去克服它，戰勝生命中的恐懼，幫助我找到了自己，讓我變得更加有力量。」說到底，命運也許沒有我們想像中那麼「公平」，但它給了每個人不同的劇本。差別只在於：有人埋怨劇情太苦，有人則把它演成了傳奇。

你會選擇哪一種？

這讓我想起一位日本小女孩的故事。她的聲音天生沙啞，甚至因為這個原因，沒有人願意跟她做朋友。她常常被人取笑，心裡覺得自己是上帝的失敗之作，命運太不公平了！然而，這時有個名叫藤子不二雄的漫畫家，他創作的《哆啦A夢》正在遴選配音員。有天，藤子不二雄偶然聽到這個小女孩的聲音，竟驚訝地覺得：「這聲音，就是哆啦A夢！」

就這樣，這位曾為聲音而自卑的小女孩，最終成為了全球最知名的聲優之一。《哆啦A夢》日語版中圓圓胖胖、聲音奇特的機器貓——哆啦A夢，就是她配音的。曾經讓她自卑、讓她無法交朋友的「怪聲」，竟然成為了全球小朋友爭相模仿的「美音」。

她曾經恨的「缺點」，成為她一生最亮的光。

八十分就好，讓苦難也得以喘息

也許我們都太急著追求完美，太希望人生能夠順風順水，最好一路都是九十分、滿分，最好沒有人質疑、沒有人反對、沒有人讓我們難堪。但人生不是這樣安排的。當命運把我們推入谷底，也許不是懲罰，而是提醒：你已經該轉彎了。很多時候，只有在受傷的時候，我們才真正學會什麼是柔軟，什麼是堅持。

或許我們做不到完全不抱怨、不沮喪，但我們可以選擇：不要讓失敗成為永久的標籤。就像那句話說的：「命運之所以像詛咒，是因為我們看得太短，走得太快，忘了抬頭。」

請給那些「錯誤」、「挫折」、「不被理解」的人生時刻，一點寬容的空間。八十分就好，那二十分，留給未來的自己轉化。因為，那些你以為是魔鬼的日子，很可能正是你蛻變成天使的起點。

很多人會把自己的失敗怪罪到自己的不幸身上，然而霍金卻把畢生的成就歸功於它。就像高爾基說的：「自然在剝奪了人類用四肢走路這個本領的同時，也給了他們一根拐杖，那就是理想。」知名物理學家，史蒂芬・霍金以瘦弱之軀挑戰生理極限的勇氣，還有霍金式的頑皮笑容，充分向世人證明他戰勝了命運！對他而言，「人生的鬥士」、「智慧的英雄」絕不是簡單的讚美之詞，更是對他精彩一生最完美的詮釋。

4 把上司的折磨化為使人茁壯的營養

◆通過挑戰的人，才稱得上是贏家。

你是不是經常覺得，老闆交辦的任務多到讓你快喘不過氣來？是不是每次他交辦任務時，你的心情就像吃了顆檸檬，酸酸的，還帶點火辣的刺痛感？他是不是總是對你的成果挑三揀四，怎麼做都不夠好，讓你忍不住心裡咕噥：「老闆根本是個苛刻鬼！」

當然啦！這樣的老闆總讓人時時繃緊神經，感到很有壓力，心情也難免受挫。但不妨換個角度想，他的嚴厲，難道不正是促進你成長的催化劑嗎？他讓你不敢懈怠、不敢馬虎，總是挑戰你每一個細節，讓你不再抱著蒙混過關的心態。這些壓力，最後會轉化成你的能力與底氣。很多時候，我們以為是在受苦，其實，是在變強。

苛刻的背後，是一種「提拔的方式」

就拿江先生的故事來說吧！

他剛進公司時，擔任塑膠生產部的班長，業績不錯，表現也非常突出，很快被升為主管。他一開始以為這是升職加薪、走上康莊大道的開始，沒想到才開始新工作不久，他馬上開始向朋友訴苦了。

為什麼呢？他的新上司總對他的工作表現挑三揀四，無論是計畫還是執行，都需要反覆修改，總是被他挑出小毛病。這讓江先生感到頭痛，覺得自己是否「誤上了賊船」。江先生一度懷疑：「我是不是被故意整了？」

朋友聽後笑著說：「其實，你的上司要求高並不過分。你這段時間是不是變得更厲害了？是不是很多原本不會的東西，現在都能處理了？」江先生聽完不禁一愣，回頭想想，朋友的話倒是有理。確實，這位上司近乎挑剔的高標準，讓他對每一件事都更加用心，不僅是以前那些簡單的工作更得心應手，連一些自己曾經做不到的事也開始逐漸能掌握，還學到了很多新的工作技能和領域知識；甚至，他覺得自己就算現在辭職，也不怕找不到更好的工作了。

他真正成長的起點，竟然就是那個讓他最頭痛的上司。

其實，職場上很多人無法諒解自己的上司，總覺得他們不近人情、對自己要求過高。當我們不理解上司的真正目的時，會把他們的要求視為不合理的對待，使得自己對工作、公司，甚至同事都產生不滿情緒，這就像在心裡埋下了隱形的阻礙，妨礙了自己的進步。

苦，是養份的另一種樣子

如果你覺得面對這樣苛刻的上司，自己快受不了了，不妨換個角度想：如果你的主管非常「佛系」，什麼都說「很好啊，你開心就好」，你做錯他也只說「沒關係啦」，不給你壓力、不挑你的毛病，那會怎樣？聽起來是不是很輕鬆？你不會挨罵，工作壓力也很小，薪水來得輕鬆愉快——若一切都這麼輕鬆，生活不就是無憂無慮了嗎？但久而久之，問題就來了：你會發現自己一直在原地踏步，沒有突破、沒有進步。就像在溫水裡泡久了的青蛙，不知不覺中公司跟你慢慢失去競爭的力道，失去拚搏的動力，也逐漸失去自己的競爭力。等到你哪天離開這樣的上司，會發現自己竟什麼都不會了，這樣還能在職場生存嗎？

別害怕那些挑剔的上司，也別一味抱怨他們的苛刻。我們總想要一份沒有壓力的工作，一個不會碎唸的老闆。但在現實中，真正讓你蛻變的，往往不是那些順風順水的日子，而是那些讓你咬牙、捶牆、差點爆走的挑戰時刻。

或許，你還無法立刻感謝那個讓你加班、讓你被退件十次的上司；但某天當你發現自己能獨當一面、能處理各種突發狀況時，你會明白：他不是要折磨你，而是在幫你鍛鍊出一套「能在任何環境生存」的硬底子。這就是所謂的：不滿分，也能打出人生的高分。

所以，下次當老闆又開始「挑剔模式」，請深呼吸，然後默念一句：「八十分就好，我收下這一課。」因為，那些看似為難你的片段，其實正是一種變強的契機。你不會永遠當學徒，也不會一直當部屬——總有一天，你會站在那個位置，成為別人眼中「有點嚴，但很厲害」的大人。

璞玉都是經過千萬次雕琢而成，精鋼也是在千百次錘鍊下成就。如果上司不在乎你，不器重你，又怎麼會費勁挑剔你，苛責你？你和他又沒有宿怨新仇，他只不過是想督促你儘快成長，而這不也正是你所渴望的嗎？所以，別忘了換位思考，問題往往就迎刃而解了。

5 學會讚美，就打開關係的開關

◆說出一朵花，讓讚美輕吐芬芳。

你是不是也覺得同事不比朋友，沒那麼好相處？表面上看來大家都笑嘻嘻、和和氣氣的，可背後卻時常暗潮洶湧，似乎隨時都可能出現微妙的明爭暗鬥、心機角力。這種既脆弱又敏感的同事關係，實在讓人頭大又無奈。

其實，與同事相處並不像我們想像中那麼困難，只要記住一個原則：給出八十分的善意，保留二十分的觀察與彈性，你就能輕鬆打開人際關係的大門。這八十分裡，最關鍵的，就是多發掘同事的優點，並真心讚美他。你會驚訝地發現，讚美的力量，遠比你想像的還要強大。

一句讚美，打開職場的人脈網

有一次，Tiffany參加了一場大學同學聚會，大家你一言我一語地討論著各自工作職場的競爭壓力和人際關係的難處。結果，Tiffany卻顯得輕鬆自如，大家紛紛感到訝異，畢竟Tiffany所在的投資公司可是業界競爭激烈赫赫有名，按理說，這個環境應該會讓人感到壓力山大。

在大家質疑的目光中，Tiffany笑了笑，說出她的祕訣：「讚美。只要你真心欣賞別人的優點，很多問題都會迎刃而解。」她分享了自己的故事：她剛進公司時，也曾不知如何與同事相處，工作上遇到問題時，根本不曉得該請教誰才好。直到有一天，她遞交了一份報告給主管，主管才隨便翻了幾頁，便當著她的面對其他主管說：「這小女生天分真好，才來不久就能把報告做得這麼充分！」聽到這句話，Tiffany感到暖洋洋的，心裡一陣興奮，一整天笑嘻嘻的；忙完整天忙碌的工作後，她還在回味這份被人讚賞的快樂，心中彷彿有一股清流，沖淡了所有的疲憊。

回到家後，Tiffany開始反思：「如果一句讚美能讓我那麼開心，那我是不是也應該對同事們多說些讚美的話呢？」於是，她開始留心觀察同事們的優點，並在日常相處中送上真誠的讚美：「王姐，你今天穿的衣服好漂亮！肯定不便宜吧？」、「趙哥，你今天這套西裝真的很有氣場，看來不久就會升職了吧？」、「劉姐，我昨天見到你家妹妹，長得真是超級可愛，完全是個小美人啊！」。

這些話看似平常，但每次同事們總回報以甜蜜的微笑。隨著微笑的積累，Tiffany 的職場人脈也逐漸變得廣泛起來。

讚美，也需要技巧與分寸

不過讚美可不是隨便說說而已，該有些小心機喔！別誤會，我指的不是「拍馬屁」，而是要有技巧，讓讚美聽起來既真誠又得體。

首先，讚美要發自內心。你對同事的讚美，必須是發自真心的，這樣才能讓對方感受到誠意，否則聽起來就像是空洞的恭維，效果可能適得其反。**其次，讚美要恰到好處，避免過於浮誇**。對於那些內斂的同事，讚美要含蓄些；而對於外向的同事，直接一點的讚美可能會讓他們心花怒放。**第三，讚美要明確且不帶揶揄**。有時候，和朋友相處，我們喜歡用幽默和揶揄來讚美，但在職場上，這樣有時會讓同事覺得你在諷刺他，這可得小心了。**最後，讚美要真誠且一致**。不管對方在場還是不在場，誠實地讚美他人，這樣不僅能加深彼此的信任，還能避免給自己造成負面印象。

八十分的讚美，是最好的溝通橋樑

古羅馬皇帝馬可・奧勒留說：「今天，我會見到很多人——有的喋喋不休，有的自私自利，有的驕傲自大，還有的忘恩負義。但我一點也不感到困擾，因為我無法想像沒有這些人的世界會是怎樣的？」每個人都有缺點，但也都有值得欣賞的地方。如果你總是抓住別人的缺點不放，那麼你不僅錯失了與他們建立友誼的機會，還會給自己帶來不少困擾。。相反地，主動去發現同事的優點，給出八十分的善意與稱讚，你會發現人與人之間的距離正在一點一滴地拉近。

一條裙子、一句報告的表達、一張圖表的設計、一個孩子的照片……這些看似與工作無關的小事，卻可能是人與人連結的起點。

別小看一句讚美的力量，它或許就是你職場裡最溫柔又實用的溝通工具。

下次當你與同事擦肩而過，不妨停下腳步，真誠地說一句：「你今天看起來特別有精神耶！」也許，就因為這句話，你們之間的關係就此變得不一樣了。

肯定和讚美同事，不僅能夠讓同事心情愉快，贏得同事對你的信任和感激，還能給你帶來奇妙的情感體驗，融洽你與同事之間的關係，給工作帶來極大的便利。

6 感謝對手，是他讓你變得更強大

◆因為有競爭者，你才會看清自己的弱點。

在一望無際的草原上，牧民總是無時無刻與狼群展開一場無休止的拉鋸戰。每當狼群來襲，羊群往往成為牠們的獵物。於是，牧民努力設防、驅逐，甚至想要把狼從草原上徹底剷除，好換來羊群的安穩生活。

然而，當狼群真的銷聲匿跡，問題卻悄然浮現：羊群變得越來越虛弱，甚至開始生病。相較之下，野生的羚羊和鹿，由於總是面對著狼群的威脅，長期奔跑，身體自然鍛練得強健有力，還能巧妙地躲避捕殺。顯然，擁有強勁對手的結果，與沒有對手的情況，截然不同。

沒有對手，看似是幸運，實則是危機。無論在自然界、運動場、職場還是人生路上，真正讓你成長的，往往是那些逼你進步的對手。這一點在運動場上尤為明顯。那些世界冠軍，正是因為有強大的競爭對手，才能不斷提升自己，突破極限，締造新的世界紀錄；在商場上，激烈的競爭使得商家不斷改進經營策略，優化服務品質，促使市場走向良性發展；而在職場上，我們的職業生涯，總是因為環境變化和對手的存在，才讓我們不斷進步。如果沒有這些競爭，我們恐怕早已被職場淘汰了。

從無風無浪到勇往直前

Tony大學畢業後，進入了一家報社工作。到了三十歲，他依舊保持著穩定的工作狀態，甚至沒有升遷過。雖然他偶爾也曾因報導優異而獲得表揚，但他一直保持著一種輕鬆的態度，似乎一切都無所謂。直到有一天，一個名叫Jay的年輕人從下屬分社調派到國際線工作，情況開始有了改變。

Tony從政治線調到國際線後，發現自己沒法像過去那麼輕鬆。主管的話更讓他心中微微一震：「Jay在分社的時候可是撰訪了不少優異的新聞，現在你可得加把勁，別讓他超越你！」這一番話讓Tony突然感到有點壓力。他開始調查Jay的背景，發現這個年輕人並不是靠稿量取勝，而有紮實的新聞基礎，對工作極其用心，還有不畏艱難的精神。很快，Jay的名字頻繁出現在報刊上，他的上稿率和稿量都遠遠超越了Tony。

到了國際線後，Tony 面對全新的業務和陌生的環境，也曾一度感到無從下手。工作繁忙，素材難找，加上對新業務的不熟悉，使得他不得不加班到深夜，周末假期也總是待在辦公室。每當他看到報上刊出 Jay 的新稿件，心裡便感到有點不是滋味。他知道，自己遇上了一個強有力的競爭對手。

但這份壓力，反而成為 Tony 前進的動力。為了能交出更多高品質的報導，他開始將生活與工作融為一體，對國際新聞深入探討，更加用心地琢磨每一篇稿件。他甚至買了一台筆記型電腦，隨時隨地最迅速地將稿件發送出去，無需侷限在辦公室。沒過多久，他在報社的法務特刊上發表了一篇有關經濟危機的國際熱評，且其發稿量相較於去年年底的統計比上年度多出了兩倍，雖然仍不及 Jay 的發稿數量，但已經是非常顯著的進步。主管還因此在大會上特別點名表揚了他。

隨著職位的升遷，Tony 的壓力也與日俱增。如今，他不僅忙於日常的行政事務，還要兼顧寫稿工作，每天都得深夜動筆，失去了往日的悠閒。但 Tony 卻感到無比充實。他逐漸懂得享受這樣的忙碌和競爭，並且感謝曾經給他壓力的那位競爭對手——Jay。

感謝你的對手，是他讓你更靠近真實的自己

在人生的漫漫長路上，人們往往與競爭對手比肩同行，有時是顯而易見的實際競爭，有時是為自我要求所設定的假想敵，使得我們的生活因此變得更加積極精彩，也是因為他們的存在，使我們的內心更為堅強，讓我們的笑容更加燦爛，讓汗水與淚水都值得了。

正如那句話所說：「沒有岩石的阻礙，怎會激起美麗的浪花？」每一位成功者的背後，都藏著無數次與對手交手的經驗。每一位強者的歷程裡，都有對手逼他一次次突破極限。與其害怕競爭、排斥比較，不如學著轉念，對對手心存感激。因為他們，你才得以更清晰地看見自己的價值、成長的空間，以及，內心那份不願被打敗的信念。

對手既是敵人，更是我們的朋友；我們對對手應該心存感激。沒有對手的人是可悲的，有對手而不懂得尊重對手、運用對手的人，則是狹隘愚蠢的。真正的劍客，面對對手總是充滿敬意。他們針鋒相對時毫不留情，但寶劍入鞘之

後卻是英雄惜英雄；因為他們知道，曲高和寡，沒有對手，就沒有今天的他們。

7 報復當下爽快，事後卻更加失落

◆報復是一把「雙面刃」，在報復別人的同時，也一定會傷到自己。

每個人都可能遭遇過不公平的對待，那些曾經的傷害，有的甚至可能在你我心裡烙下深深的印記，彷彿小石子掉進心湖，激起層層漣漪，讓人久久無法平靜。當我們受到傷害時，往往會忍不住想「以牙還牙」，認為報復可以讓自己痛快一點。可是，真的是這樣嗎？

這就像有人打了你一巴掌你也許馬上想反手回敬他，覺得只有這樣才說得過去。但問題是，當我們反手一巴掌打下去的那刻，自己的手掌也同時經歷了那個「痛」。說穿了，報復有多痛快，隨後而來的痛苦就有多深。

痛快，往往只是痛苦的另一種樣貌。

寬恕，不是放過對方，而是放過自己

有一部小說描寫二戰中，一名倖存於波蘭集中營的男子。他歷經極端苦難，家人死於納粹守衛的暴行。他九死一生地活下來，戰後成為揭露罪行的演講者，替受害者發聲。某次演講結束後，忽然看到一個熟悉的身影走向他。他瞬間想起，他正是當年集中營的守衛！

面對那個摧毀自己家庭的人，他全身激起仇恨的寒顫。但那守衛，卻滿眼愧疚地伸出手，想表達懺悔。那一刻，主角全身僵硬，肩上仇恨的重量幾乎壓垮了他。

他馬上想起自己才在演講中提到的「寬容」二字。他努力讓自己冷靜下來，緩緩舉起手。當他們的手終於緩慢地握在一起時，一股奇妙的感覺從他肩膀流過，傳遍全身，直到心底。這股力量不再是憤怒，而是久違的愛。是的，愛。這股愛讓他瞬間忘記了所有的痛苦，甚至忘記了那份仇恨。

他甚至主動擁抱了對方，而就在那個擁抱裡，仇恨釋放了，心也被解救了。

仇恨的代價，往往超出你想像

很多人在遭遇傷害後，心中充滿了憤怒仇恨，總是一心想讓對方也嚐到痛苦。這樣的心情雖然能帶來一時的快感，但這快感來得快，去得也快，最終留下的，卻是悔恨。就好比短暫快感後卻失去了更重要的東西，反而讓我們的生活變得更加痛苦。

在金庸的《天龍八部》中，蕭峰的父親蕭遠山就是一個活生生的例子。年輕時，蕭遠山和妻子帶著幼子回娘家，卻在雁門關外被中原武林的陰謀所害。妻子身亡，兒子失散，仇恨根植於他的內心。他誓言定要報復那些害他的武林人士。結果，他的報復行為不僅摧毀了自己，也牽連了無辜的親人。最終，他不但身心俱疲，甚至染上了不治之症。當他與仇人慕容博化解恩怨，兩個曾經的敵人攜手出家為僧時，才算是徹底放下了那份深植心中的仇恨，體會到了真正的平和與寬恕。

放下仇恨，是讓自己自由

我們常誤以為「以牙還牙」才是公平，但報復從來不能真正治癒心靈。相反，它往往會讓我們陷入自責和後悔的深淵，並失去更重要的東西——善良、自省與未來的可能。

請想一想：我真的需要這場報復嗎？還是我只是想證明自己沒輸？仇恨是鎖住自己的枷鎖，寬恕才是打開心門的鑰匙。放下，不是軟弱，而是一種選擇：選擇不再讓對方的錯誤，繼續傷害自己。因為，唯有寬恕，我們的心才能真正自由。

面對曾經的傷害，我們不妨放下滿分的報復心，保留一點餘地——給仇恨打個八折。不是為了對方，而是為了放過自己。別忘了，這世間，唯有愛才能真正療癒傷口的疼痛，也唯有愛，能拯救我們從痛苦中重新站起來。原諒那些傷害過我們的人吧，因為你值得擁有比仇恨更豐富的情感和更自由的生活。別再把自己困在怨恨的牢籠裡，鎖上幸福的門。我們來到這個世界，不是為了恨，而是為了活出愛與希望。還有那麼多美好的人、事、風景，正等著你親自去體驗與擁抱。

8 要想得到得先付出

◆佛語有云：「種什麼因，得什麼果。」

我們常說：「種瓜得瓜，種豆得豆。」其實，愛也是這樣的。你給多少愛，收穫的愛也會更多。就像日常生活中，若你給一個燦爛的微笑，那麼你會發現，對方也會報以同樣燦爛的笑容。不論你是否認識對方，都是如此。

同樣的，如果我們以禮待人，對方也會回之以禮。簡單說來，無論你用任何方式表達關懷與善意，只要你願意付出，最終這份善意也會以某種形式回到你身上，像是從天而降的小禮物一樣，讓你驚喜萬分。

即使沒人看見，也不要吝嗇

你可能會說：「可是，這世界上並非每個人都會這麼回應我們呀！」沒錯，確實有些人並不見得會給你回報，但你要記住，這就像彈力球一樣，只要你用心拋出去，早晚它會反彈回來，而且還可能比你預期的更高、更遠。

有位朋友曾跟我分享過一個故事。

有一個人走進了沙漠，經歷了兩天沒水、沒食物的日子，途中又遇到暴風沙；當他幾乎走不動，無助到快要放棄時，看到了一座廢棄的小屋。一走進去，他發現屋裡竟有一台老舊的抽水機，他以為得救了，結果，無論他怎麼試，都抽不出一滴水。正感到絕望時，他看到旁邊有個瓶子，瓶子裡有一點水，紙條上寫著：「你得先將水倒進抽水機，才能引來更多的水。離開時，記得再把瓶子裝滿水！」

他心裡猶豫了：如果把瓶裡的水喝掉，他就能活下去；但如果按照紙條上的指示，把水倒進抽水機，萬一卻抽不到水呢？他會被困死在這裡。猶豫了好久，最後他選擇相信紙條，把水倒進了抽水機。結果，水真的源源不斷地湧了出來，讓他得以活命！他把瓶子重新裝滿水，並在紙條上寫上：「相信我，這樣做真的有用。」

其實，這就是「先付出，才有回報」的最好詮釋啊！這道理看似簡單，可回過頭來看看我們自己，發現我們在日常生活中常常做一些矛盾的事。比如，我們常常對別人不友善，卻希望別人對我們和藹可親；我們討厭被人說長道短，可自己卻時常在背後說別人的壞話；我們痛恨被人欺騙，卻也常常在不經意間欺騙了別；我們希望孩子孝順，可卻忘了經常關心父母……

有時候，我們也會同情那些為了生計失去尊嚴的人，但卻忘了自己也可能曾為工作出賣靈魂；我們渴望自己能獲得他人的尊重，但免不了忽略和敷衍他人；我們常常裝作對有錢人不感興趣，卻又心心念念地想著如何成為像他們那樣的人；我們抱怨這個世界缺乏愛，但自己也很少付出愛。

莎士比亞曾經問過一句話：「為什麼世界上雖有鏡子，人們卻不知道自己是什麼樣子？」這個問題聽起來有些尖銳，但其實很值得深思。我們常常批評別人對待我們的方式，但我們有沒有想過自己又是怎麼對待別人的？

「八十分哲學」的精神正是如此：以八分的誠意去付出，剩下兩分交給時間與命運。你希望別人對你微笑，首先自己就得先對他人面帶微笑；你想要得到擁抱，自己就得先擁抱別人；想要得到友善的對待，就得先友善待人；想獲得支持，就得先支持他人；想得到別人的關心，那就得先無私地關心別人。這些微小的付出，可能暫時看不到回報，但最終，它們會以最溫柔的方式，回到你身邊。

這世界其實很簡單——你怎麼對待別人，別人就會怎麼回應你。別怕吃虧，別吝惜付出。主動走出第一步，愛就會開始循環。最終，你會發現：那些你付出的愛，都已悄悄轉化為另一種形式，回到你的生命裡。

先伸出我們的手，我們才能握緊別人的手；先付出我們的愛，我們才能擁有別人的愛。只有當我們忘記自己的時候，我們才不會被別人忘記。不要在乎別人怎麼對我們，只有在乎我們怎麼對別人。我們的幸福與滿足，是由我們自己掌控的。

第 8 章

話別說太滿，八分的溝通更動人

1

人人都愛適度的熱情

◆「熱情，一不小心就能成為自焚的火焰。」黎巴嫩詩人・紀伯倫

泰戈爾曾說：「熱情就像鼓滿船帆的風，沒有風，船不動；但風太大，帆也可能啪一聲斷掉。」這句話點出了一個簡單卻常被忽略的道理：熱情太少，無感；熱情太多，又使人崩潰。

熱情本來是這個世界上最迷人的超能力——不收費，還能發光。但重點來了：再好的東西，也要「用對量」，就像香水不能倒一整瓶在身上一樣，過頭了就變成事故現場。

用錯熱情，可能嚇跑別人

說到這，我想到一個朋友講的故事：

曾經有一位老闆想招聘化妝品專櫃的櫃檯服務人員。他讓兩位候選人在相鄰的櫃檯

先試營業一天，再根據營業額的多寡確定最後人選。

一位先生先走進了長相娟秀的張小姐服務的櫃檯，張小姐立刻滿臉堆笑，極其熱情地迎上前去，向顧客介紹各種產品的價格和特點，然後又不由分說拉起顧客的手，塗上她介紹的產品。結果，很多人被她的熱情嚇了一跳，感到一種她似乎非得把東西賣出去不可的壓力，便趕緊逃之夭夭了。

然而，在相貌平凡的楊小姐所服務的櫃檯裡，她只是微笑著，靜立一旁，等顧客主動詢問時，才從容地一一作答。這種輕鬆的氣氛讓客人感到非常舒服，客人們不僅買了自己需要的商品，甚至主動請楊小姐包起更多商品，十分滿意地離去。

張小姐付出了無比的熱情，卻讓客人逃之夭夭；而楊小姐懂得把握熱情的分寸，所以輕鬆地拿到了工作。由此，我們可以看出，不考慮對方的心理狀況，投入過度的熱情，反而會讓人感到困擾。

所謂施情者強人所難，受情者尷尬不堪。熱情，不是愈多愈好，而是得「剛剛好」才行。其實，「熱情」的服務並不代表最恰當的服務。比如有些顧客去藥店買一些「特殊」的藥，本來就是很難為情的事，不願意讓別人知道自己得了什麼樣的病。

若店員忽略了顧客的隱私權與心理感受，熱情地為顧客介紹這個藥的主治病症，而這些正是顧客最不情願在大庭廣眾之下提及的，當然會退避三舍了。這時候，我們不妨將熱情打個八折，收斂百分之二十，那樣反而能收到百分之百的效果。

熱情的確是人與人之間溝通的橋樑，但如果你給的是百分百，甚至一百二十趴，對方可能會覺得不知所措，甚至轉身離開。與其追求讓人驚艷的熱情，不如追求讓人舒服的分寸。保持八分的熱度，給人兩分喘息的空間，才是最剛好的距離。

熱情適度了，會沁人心脾，過了度，便失去了真誠。所以，對於熱情這一把火，我們一定要把握好限度，否則溫暖立刻就會變成高溫，弄不好會灼傷人的。

2 說好話能取悅他人，但過度奉承則適得其反

◆奉承是一枚依靠我們的虛榮才得以流通的偽幣。

「奉承」這個詞彙本身就具有貶抑色彩，但我們大可不必一聽到「奉承」二字，就嗤之以鼻，一看到奉承別人的人，就不屑一顧。無論是出於無奈也好，敷衍也罷，在不喪失人格與道德底線的前提下，適度地捧捧他人、拍拍馬屁，並不為過。

與人為善、懂得讚美別人，確實能為自己創造更順利的溝通氛圍。然而，這樣的讚美必須有分寸、有對象、有智慧。否則，過度奉承不但無法博得好感，反而容易讓人覺得虛偽、做作，甚至反感。

一些經驗豐富、明智的資深管理者，心中理想的下屬，並不是那些滿嘴漂亮話、會逢迎上司的人，而是對企業忠誠和工作有效率的人。如果員工只會溜鬚拍馬，卻不提高自身素質和對企業的忠誠，遲早會把馬屁拍到馬腿上。

盲目討好，只會弄巧成拙

Ethan 來到公司已經七年了，但一直沒有得到升遷，因為他平時本來就吊兒郎當，對工作馬馬虎虎；上班的態度就是當一天和尚撞一天鐘。這一切，他每屆頂頭上司都看在眼裡。

最近，他的上司又換人了，換來了對他的情況不太了解的盧經理。Ethan 知道如果他再得不到拔擢，這輩子可能就再也沒機會了，於是想趁著盧經理對他還不熟悉時，努一把力。但是，他的努力方向並不是認真工作，而是選擇用「奉承戰術」打動上司。

「經理，您這雙皮鞋真不賴！我從來沒有看到過這麼好的皮鞋！要是什麼時候我也能穿上這麼一雙就好了！」

「不是吧！這雙鞋我已經穿了一段時間，剛來公司穿的就是這雙，難道你沒有注意嗎？」顯然盧經理對 Ethan 的奉承並不感動。

但 Ethan 仍不灰心。當他看到經理起身倒水，立刻湊上前：「您想喝水，我幫您倒吧！」接著就從飲水機那給盧經理端了一杯開水過來。

盧經理滿意地笑了，回答說：「謝謝你，我現在確實很忙啊！」

Ethan 高興不已，心想這個方法好像還真管用。然而，下班前在洗手間遇到了盧經理，Ethan 竟然也滿堆笑臉地說：「您親自上廁所啊！不是現在挺忙的嗎？」

「挺忙就連廁所都不能上了嗎？你這個人還真奇怪，難道你有辦法請別人替你上廁所嗎？」盧經理莫名其妙地看著 Ethan。

Ethan 頓時啞口無言，糗得兩天沒再敢和盧經理說話。

這個故事固然是個笑話，但同時也說明了適度地奉承別人確能建立良好的人際關係，使自己的工作得以順利完成，是一種透過與人為善實現目的的方法；但如果一味地只顧奉承，而不管時間、地點、周圍的實際情況，那麼往往會適得其反、弄巧成拙。

真正聰明的讚美，來自於觀察與真誠，不是浮誇誇大、不切實際的「硬吹」。說得太多、太虛，不但沒有效果，還會讓人覺得虛假。就像《紅樓夢》中的劉姥姥，對大觀園一切事物都大驚小怪地讚嘆不已，最後淪為眾人笑柄。

路易十四曾對劇作家拉辛說：「如果你對我的讚美少一點，我對你的讚美就會多一點。」古羅馬作家盧西恩也曾警告：「聰明的當權者，鄙視過於浮誇的讚美。」

簡而言之，讚美必須有節制、有對象、有根據。一味亂拍馬屁，終將失去分寸與尊嚴。

與其追求動聽，不如追求「可信」。讚美的最高境界，不是讓人聽了飄飄然，而是讓人感到被理解、被尊重。不論是對上司、同事還是親友，一句貼切、真誠、不過分的讚美，往往更能打動人心。說話留點餘地，情誼才走得長久。就像做人一樣，給出八分，才有機會走出長遠的十分。

總之，在和人交往的過程中，我們應該根據對方的長處給予適當的讚美，切不可奉承過度，否則很容易遭受尷尬；因為別人不僅沒有從奉承的好話中感受到愉悅和滿足，反而認為奉承者在有意諷刺他、調侃他。對此，有的人可能會心裡暗暗生氣，對奉承的人懷恨在心；甚至有些人會把不高興帶到臉上，並嚴詞更正，讓奉承的人無地自容。

3 懂得傾聽，給別人說話的機會

◆語言，是人與人溝通時不可或缺的橋樑。

有些人口才出眾、談吐流利，本是優勢，卻因缺乏語言的自制力而讓人敬而遠之。他們總是強調自己的發言權，凡是有他們在場，幾乎就沒有別人說話的空間。更糟的是，他們不分場合、對象，動輒高談闊論，或自詡「實話實說」，全然不顧聽眾的感受與現場氛圍，想到什麼就說什麼。

這樣的人，勢必會給自己和別人製造諸多麻煩；因為，我們固然不歡迎除了沉默就是謊言的人，但是，對嘴癢又口無遮攔的「大演講家」也避之唯恐不及。孔子曰：「三人行，必有我師焉。」沒有人能在所有領域都是專家。有的時候多給別人一個說話的機會，也許就意味著靈感、機遇以及財富！

一個願意傾聽的決策者，才有解決問題的智慧

作為公司的經理，老朱最近很惱火，供應商已經幾次延誤交期了，造成公司生產非常被動，可現在他們居然還要求漲價，真是在火上加油。

今天上午，老朱又一次因供應商延誤交期，而氣得摔了電話。就在此時，另一個供應商走進了老朱辦公室。他是一個其貌不揚、極為低調的年輕人。

老朱正在氣頭上，不想給他說話的機會，一見他進來就沒個好臉色，語氣生硬地說：「你是不是也要漲價？我告訴你，公司定的價格，我無權更改，也沒時間陪你談價格……」一個小時之後，老朱已說得口乾舌燥，便想轉身請他離開。

「朱先生，我還沒開口，您怎麼知道我想談的一定是價格的事？您就不能給我一個說話的機會嗎？」年輕人面帶微笑，不卑不亢，不溫不火。

年輕人的態度讓老朱意識到自己剛才的失態，語氣變得緩和下來，探詢地問道：「那你的意思是……」

「朱先生，您有沒有發現，這款零件價格爭執的焦點，其實都落在同一個關鍵部位上，有沒有辦法讓這個地方簡單點呢？如果能在設計上予以簡化，我想漲不漲價根本就不是問題。」年輕人語氣輕緩，陳述著自己的建議。

「你們加工這部位很困難嗎？」老朱持懷疑態度。

年輕人再一次笑了：「我就知道您會這樣問，所以我把我們加工新產品的工具都帶來了。我可以示範、比較給您看，證明價格的焦點就在這部分。」

隨後，年輕人將放在門外的工具帶了進來。經過他的現場示範和老朱的觀察比較，發現如果按現有設計和加工要求製作，新產品報老產品價格，供應商確實會賠本。

老朱隨後馬上找了公司的生產部主任，把幾個零件擺在他們面前，洽詢更好的修改方案，問題最終得到了雙贏的解決：價格不變，公司得貨，供應商也不再虧本。

這場原本劍拔弩張的對話，最終化解於一句「給我一個說話的機會」。

留下空間，才有人願意靠近

在日常工作中，我們應該多聽取不同人的意見，在社交場合更是如此。每個人都有傾訴的欲望，當彼此處在對等地位時，如果我們總是一個人滔滔不絕，如高山瀑布永不停止地傾瀉著，我們肯定不會受人歡迎，甚至可能會被別人恥笑。

世界著名的記者麥迪森曾說：「不肯留神去聽別人說話，是最不受人歡迎的第一表現。」

美國鋼鐵大王卡內基也說過：「傾聽，是我們對任何人的一種至高的恭維。」英國心理學家傑克・伍德則指出：「很少人能拒絕一位能專心傾聽的人所提出的讚美。」這些話說明，善於傾聽的人，總能贏得他人的信任與尊敬。在對話中多一分安靜，不是示弱，而是展現尊重與高度素養。

有時，沉默比話語更有力量。真正的溝通，不是爭著把話說完，而是願意把話「聽進去」。一句簡單的「你怎麼看？」往往比滔滔不絕的演說更能化解對立、創造價值。在人際互動中，願意讓出話語權，就是一種尊重、一種智慧，也是一種對世界溫柔的回應。

說話不是說給自己聽，而是說給別人聽。所以，不能只顧自己說話，而忽視別人的感受。如果不聆聽別人的回饋，不給別人說話的機會，即使你說的再好聽也全是廢話。

4 留心語言的分寸，小心禍從口出

◆管好嘴巴，其實和看緊錢包一樣重要。

古希臘有句諺語說：「學會控制自己的嘴巴是人類最重要的美德。」在人體器官中，最難調教的莫過於嘴巴了。一張嘴，管了人生中的兩件大事：一是吃、二是說。有的人會因為貪吃導致病從口入；有的人會因為「愛說」而導致禍從口出，這一入一出，使嘴巴的弱點一覽無遺。

《韓非子．說難》裡提到：「非知之難也，處知則難矣！」這句話的意思說的是，一個人若身處在可能被懷疑或不該發表意見的處境中，即使再正確的話也不能隨便開口說出來。

這告訴了我們，人們向來不乏說話能力，但若對後果考慮得太少，沒能好好掌握說話的分寸，逢人遇事張口即來，不分場合地點，不分物件情境，可是件令人汗顏的事。

說實話，也要顧場合

曾有這樣一個故事，一戶人家生了一個男孩，全家高興極了。滿月時主人把孩子抱給客人看，想得一點好兆頭，於是請客人對孩子品評一番。

一個客人說：「這孩子將來要發財的。」主人聞言大喜。

另一個客人說：「這孩子將來怕是要當大官的！」主人也喜孜孜的回了幾句恭維的話。

接著，一個客人說：「這孩子將來不免一死。」頓時激起眾人大怒，當場被趕出家門。

其實，說這個孩子將來會發財或做官，無非都是客套話，能否實現誰都沒有把握。然而，最後一個客人所說的卻是實話，因為人生終究難逃一死。但為什麼說實話的人反而引來眾怒？這是因為他說話欠考慮，在大家圖喜氣、討吉利的場合觸了他人霉頭。

因此，我們在日常的交談中，開口之前都應該先思考一下，自己要說的話是否合適，不要口無遮攔，想說什麼就說什麼，造成他人不快。

幽默不等於無禮，真誠不代表無忌

即使是最親密的朋友之間，說話也不能口無遮攔，不考慮聽者的感受。有些人說話之所以惹惱人，並不是他們不會說話，而是沒有分清楚場合環境。就像在公共場所與人聊天時，最好不要妄加評論他人的個人狀況。如果某人肩上有很多頭皮屑或口氣不好，也不宜公開點破，應該私下告之，特別是在人多的場合，否則很容易讓對方處於尷尬的境地。

同樣，不同的人或許都有著不同的忌諱，比如許多人不喜歡別人問自己的年齡，尤其年齡是女人的祕密，不願被人提及。另外，涉及個人收入的私人問題，通常也不宜在公共場所討論。

在社交活動場合，我們總希望自己擁有詼諧幽默、受人歡迎的形象。這種想法固然不壞，但也要適得其法，不要拿無聊或苛薄當有趣，否則可能禍從口出。那麼，該如何做到幽默又不被人討厭呢？關鍵就是「說話要掌握分寸」。

當我們說的話言而有實，受人喜歡的時候，自然可以滔滔不絕；當我們感覺到別人已經對自己說的話感到厭煩的時候，那就不如閉嘴得好。靠耍嘴皮子贏得了人緣，能使我們「風光」一時，也維持不了多久。

所以，說話的分寸應該建立在「能言善辯」的基礎上以理服人、以言悅人，而那些不知進退、只想突出自我的巧言令色者，甚至不分場合地點的「脫口秀」專家，是不會長久贏得喜愛的。

總之，我們說話是為了正確表達自己的思想和意見，而不是光圖個嘴巴痛快，胡亂發洩自己的情緒。說話就像送禮，把話說出去，聽的人高興，我們自然欣喜，但是並不能只為了討人喜歡而口無遮攔。因此，一個成熟的人必須學會思考、適時閉嘴，才不會被嘴巴連累，免得一吐為快非但不快，反而吃虧！

5 即便辦得到，也不輕言許諾

◆無法達成的承諾，遠比從一開始就回絕更傷感情。

心理學家馬斯洛的「需求金字塔學說」曾提到：人在解決自身溫飽之後，就會要求滿足更高的需求。人需要尊重，其中包括自尊、自重和來自他人的敬重；像是希望自己能夠勝任工作，並能有所成就和建樹，希望透過提供幫助，得到他人和社會的高度評價，以獲得名聲和成就。

在現在這個充滿競爭的社會環境裡，我們為了儘快適應環境、立足社會，並給他人留下好印象，都想擁有不屈不撓的鬥志和積極向上的精神。但如果一味地為「表現」而表現，事事爭先，不計後果地爭強好勝，就很容易出問題。

例如，面對別人的請求，我們若能協助自然是好事，但若只是出於好心就輕易點頭，卻根本不確定能否完成，最終無法兌現承諾時，不僅讓對方失望，自己也會落得個食言而肥的尷尬局面。

想做就去做，不必話說太滿

即便你有能力幫助別人，也不代表非得馬上承諾。因為誰都無法預測未來的變數，即使是再有把握的事，也可能出現意想不到的突發情況。萬一真的失手了，事後說一句「我當初沒想到」，聽起來往往只是藉口，很難讓人買單。

想要言而有信，就先得控制住自己的爭強之心，就算是為了不讓自己尷尬，也要學會收斂自己的諾言。想幫助人的出發點雖好，但我們可以先試著做，而不是把話先說滿，因為若輕易答應了自己可能做不到的事，結果將更加糟糕。

有時候，對方可能堅持要你給個答覆。在這種情況下，不妨為自己的承諾「打個折」。例如，你心中有八成把握可以完成，就別把話說得百分百滿，不妨先留個兩成的彈性空間。做到了便是驚喜，就算做不到，因為我們事先已打好預防針，也不會讓自己落到出爾反爾的地步。

說到底，「慎言」不是懦弱，而是一種成熟與自律。古人說得好：「息爭強好勝之心，不逞無用匹夫之勇。」真正值得敬佩的，不是誇口無忌的好漢，而是言出必行、謹慎自持的人。

當我們學會控制衝動、杜絕逞強、拒絕草率承諾，生活中就能少掉許多不必要的誤會與麻煩，也能逐漸建立起令人信服的誠信名聲。

承諾是一種責任，不是一句場面話。古人云：「得黃金百斤，不如得季布一諾。」這正是對信守諾言的季布的最高評價。但古人同時也有一句話：「千金易得，一諾難求。」這也正說明了因為季布不輕許諾言，才能讓他的諾言比千金還重。試想如果季布像某些人一樣，對所有的事都大包大攬，對所有的人都有求必應，那恐怕他這千金一諾早就變成食言而肥了！

6 一味發牢騷，是拿別人當垃圾桶

◆自己渴望別人如何對待，請優先具體行動。

發牢騷是我們表露心裡不滿的一種宣洩方式。在日常生活中，每個人都有自己所煩惱的事情，在不影響他人的前提下，發發牢騷，確實能紓解心裡的怨氣與壓力，為自己帶來某種程度的放鬆效果。

像日本這樣生活節奏緊湊、社會壓力大的國家，就出現了越來越多以「訴苦」為目的的聚會與治療團體，幫助憂鬱症患者透過傾訴減壓。現代社會也出現不少減壓方式：像發洩屋、髒話牆、情緒寫作課，都是為了滿足人們心理釋放的需求。

可見，適當地發牢騷，不僅無害，反而對心理健康大有益處。

發牢騷可以，但請掌握分寸

問題在於，我們得注意場合、時間、輕重緩急。我們要知道發牢騷本身並不是好習慣，偶爾發牢騷可以不受譴責，但若是天天發牢騷，變得肆無忌憚，甚至出言侮辱，問題可就嚴重了。

馬斯洛曾在《自我實現的人》中將牢騷分為三種層次，分別是低階牢騷、高階牢騷和超級牢騷。他認為，人們所發的牢騷正顯示出一個人的需要與渴望，可以用來分析他生活中所出現的問題與煩惱。譬如整天處在貧困、飢餓擔憂之中的人，需要被滿足的是人類生存的低階需求。對他們而言，滿足最低層次的基本需求是當務之急。

但超出馬斯洛的預判的是，現今社會上卻流行著一種嘆世型牢騷。擁有這種牢騷的人大都是出於對現狀的不滿，卻又不願設法改變，只是一味地對遇到的每個人感嘆抱怨，不論對方是誰，一旦逮到機會，他們的牢騷馬上如「狼煙四起」，讓人不勝其煩。

吳太太原本個性開朗，但最近她卻被周圍的人煩到受不了。辦公室的劉小姐見到她便滿腹牢騷。原來是有兩個條件相當的小夥子同時在追求她，讓她不知道選哪個好。剛開始，吳太太還會熱心地幫她分析，但事情拖了大半年，她還是無法做出決定，總是一味地愁眉苦臉追著吳太太問。漸漸地，一聽她嘮叨這事，吳太太就頭疼不已。

她的鄰居王伯伯也有滿腹牢騷。他的兒子今年打算結婚，原本計畫買套新房，但聽說最近房價都降了，他也想等一等，沒想到這一等反倒壞了。過了幾天，房價不但沒降，反而漲了不少。老王氣得天天喝悶酒，醉了就跑來吳太太家，找他們夫婦抱怨。

吳太太的堂哥也有牢騷。他平時忙著做買賣，沒有時間照顧孩子，導致孩子的成績越來越差。有一次，堂哥一氣之下把兒子揍了一頓。不料，他第二天就留了張紙條，宣告離家出走，弄得親戚朋友們全都緊張出動，幫著去找孩子。最後孩子終於找到了，但這孩子從此學會了這一招，一有點風吹草動就搞「失蹤」。堂哥悶得慌就打電話來訴苦，吳太太聽到耳朵都快長繭。

吳太太的同學如意也有牢騷。如意以往總抱怨自己的老公沒出息，哪知他近日連連升職，薪水也翻倍漲，買了新車，也換了大房子。可如意高興了沒幾天，忽然覺得不對勁。以前老公常常幫她做家事，可是現在回家是倒頭就睡，什麼也不管。感到無聊的如意經常打電話約吳太太出去逛街、喝茶。可是每次出去，她總要針對自己的老公發一頓牢騷，沒完沒了的了無新意，聽得吳太太幾乎要跟著一起崩潰。

傾訴可以，請別讓人「聽到崩潰」

牢騷，是一種情緒出口，但沒人有義務無限接收你的情緒傾倒。即使是最親密的朋友，也有自己的情緒負荷與生活困難，沒辦法永遠當你免費的治療師。如果我們總是把牢騷當成聊天的主軸，不僅無法真正解決問題，也會讓關係漸漸失衡。你一味地傾倒，對方卻只能默默承受，這不是溝通，是情緒勒索。與其無止盡地抱怨，不如學習掌握分寸——選對人、選對時機，說出真正困擾你的重點；而不是天天把不滿掛在嘴邊，讓別人聽到心煩，甚至懷疑你是否願意為自己的生活負責。

最後，記住一句話：「己所不欲，勿施於人。」偶爾發牢騷沒問題，但不要讓它變成別人的負擔，甚至把親密關係變成壓力來源。

生活中難免遇到煩心事，發牢騷是人之常情。適度的抱怨能抒發情緒，但若總把發牢騷當習慣，久而久之，不只容易陷入負面思考，還會失去行動的動力，什麼事也做不好。與其反覆埋怨，不如試試「八十分原則」：花兩成的時間釋放情緒，留下八成的精力思考與行動。讓情緒流動，但不讓它主導我們的人生。當我們練習「遇到煩惱就找方法、起行動」，久了自然會減少無謂的抱怨，變得更積極、有主導權。畢竟，說再多也無法改變現實，行動才行。

7 人際關係的死穴：玩笑開過了火

◆尊重在人際關係中具不可抹滅的地位。

英國自然神論者莎夫茨伯里先生曾經說過：「探求如何在一切事物前發出笑聲和從一切事物中找出可笑之處，這兩者之間存在著天壤之別。」這句話點出了幽默與嘲諷之間的微妙界線。

在日常生活中，適度的玩笑常常能營造輕鬆氛圍、拉近彼此距離，是一種極好的「精神調節劑」。俗話說「熟不講理」，關係親密的人之間若能互開幾句玩笑，反而更能增進感情。但幽默要掌握分寸，一旦越線，就不再令人發笑，而是讓人反感。

在高壓與快節奏的現代社會，開玩笑確實是一種有效的紓壓手段。然而，我們得明白：什麼時候該說、對誰說、怎麼說，是開玩笑最重要的功課。

玩笑的界線，是尊重與共感

雖然玩笑原本無惡意，但聽者的感受才是關鍵。開玩笑的人可能以為自己幽默風趣，被開玩笑的人卻可能感到被貶低、難堪或不被尊重。一旦玩笑中夾雜了攻擊或貶損，它就不再是幽默，而成了愚弄。

當你在公開場合取笑別人、戳中對方的弱點、或是在人際關係中「開不起玩笑的人就不夠大方」這類話術裡自我開脫時，很可能早已讓人默默把你歸類為「刻薄」、「沒分寸」的人。在職場上尤其如此。太愛開玩笑、不顧分寸的人，表面上看似活潑，實則容易惹人反感，甚至不被上司信任或提拔。

姜小姐是一家貿易公司的外勤人員，是個聰明伶俐的女孩。她腦子靈活，言辭犀利，還有豐富的幽默感，無論到哪兒都是顆「開心果」。但如此可愛的姜小姐，卻總是得不到老闆的垂青，得不到升遷的機會！

姜小姐工作十分努力，有一次她加了一整夜的班，第二天一大清早又趕到公司。滿身疲憊的她一到公司，卻被老闆不分青紅皂白地數落了一頓，說她做事不夠仔細、狀態差等，任憑她怎麼解釋都沒有用。

姜小姐委屈極了，向比較談得來的資深員工請教。對方想了想反問她：「妳想想平時有沒有什麼地方曾經得罪過老闆啊？」

姜小姐這才想起自己曾對老闆開過幾次頗「大膽」的玩笑。一次老闆穿了件綠色上衣來上班。別人都是微笑地對老闆說：「您今天真有精神啊！」只有姜小姐誇張地大叫：「老闆，難道今年流行青蛙裝嗎？」現在回想起來，當時老闆的臉色真是特別難看。

還有一次，姜小姐帶著剛剛談好的客戶和協定來找老闆簽字。看到老闆龍飛鳳舞的簽名，客戶連連誇獎老闆：「您的簽名可真氣派！」姜小姐聽了又是一陣壞笑：「能不氣派嗎？我們老闆可是背地裡偷偷練了幾個月了！況且這是他能用到最多的字了。」此言一出，老闆和客戶都感到無比的尷尬。

這些看似玩笑的話語，實則已經傷了老闆的面子，當時雖然沒被當場責備，但這些小事卻像記號一樣，慢慢積在心中，最終成為姜小姐升遷路上的絆腳石。

別讓幽默變成銳器

開玩笑，是一門藝術。幽默的本質是讓人舒坦，而非尷尬。真正高明的幽默，是讓人笑得舒服，而不是笑得心虛或受傷。玩笑可以化解尷尬，也可能製造矛盾；可以促進情感，也可能摧毀信任。不論親疏遠近，我們都該記得：幽默的界線，是對人的尊重與共感能力。

讓我們在說出口前，多想一秒：這句話，是讓人開心，還是讓人難堪？你怎麼笑，決定了別人怎麼記得你。

開玩笑可以拉近彼此的距離，緩和人際關係，但如果玩笑涉及人身攻擊或嘲笑挖苦的成分，那就不再是玩笑了。所以我們一定要切記開玩笑也有忌諱：一、忌揭他人短處，二、不要懷著譏諷的心態，三、不要說話語帶汙衊；四、忌涉及他人隱私，五、不要把人逼到牆角；六、切忌拿人做笑柄，七、忌庸俗無禮，八、忌捉弄他人搞惡作劇。只要我們開玩笑時，遠離上述「八忌」，就能保證把玩笑開在他人能夠接受的範圍內，成為受人歡迎既幽默又不刻薄的人。

8 幫助別人，是一門需要學習的藝術

◆行動前多思考，別讓好心變多餘。

我相信我們生長在充滿愛的世界裡，世上並不缺少樂於助人的善良人們，而正是由於有了這些樂於助人的人，才使得我們的社會變得更加美好。只是，我們有時也會發現，那些伸出援手的人，卻不一定得到理解，甚至他們的好意有可能反而遭人埋怨。

這背後的原因，往往並不是「好心沒好報」，而是幫助的方式不當，無意中傷害了被幫助者的尊嚴與感受。真正的善意，不只在於「做什麼」，還在於「怎麼做」。

尊重，是援助的底線

有位女士曾參與非洲的慈善行動，跟著國際組織為貧困村落分發衣物與食物。從一早上貨裝箱，一路上顛簸了幾個小時，好不容易到達了目的地，一看到衣不蔽體的孩子們瘦弱的身軀，女士感到滿心酸楚，拿起了善心物資就想前去發放。

卻被一名同行的瑞士籍同伴制止，並嚴厲指出她的做法不妥。女士感到十分委屈，不知道自己的善心施捨有哪裡做錯了？她賭氣地站在一旁，想看瑞士同伴究竟想怎麼做。

只見那個瑞士同伴先走到孩子中間，問：「請問有誰願意幫我卸貨？我遇到麻煩了，需要幫助。」一整群孩子中，出現了兩個人，他們來幫忙將車上的貨給卸了下來，兩個都得到了一小罐玉米粉和一件衣服。其他的孩子看到都羡慕極了。但是貨已經都卸完了，自己慢了一步。他們眼中流露出遺憾的表情。

接著，那個瑞士同伴又說：「請問有誰願意幫我把東西擺放整齊？」又有幾個小朋友冒出來，將東西擺放整齊，他們完成工作後也都得到了一份獎勵。這時，還沒拿到獎勵的人都蠢蠢欲動了，但是他們能做什麼呢？

瑞士同伴又說話了：「我現在累了，有誰能為我唱首歌嗎？」唱歌的孩子得到了獎品。然後，他又問誰能跳舞？跳舞的孩子也得到了物資。直到物資都發完了，他們也很累了，跳上了返回組織的汽車。

在回程的路上，瑞士同伴向她解釋：「小姐，你的做法是不正確的；在這個世界上，沒有人有施捨他人的權力。」

真正的善，是讓人保有尊嚴

瑞士同伴解釋，像她那樣無償把物資散發給他們，若直接把物資送出去，無論出發點多好，在孩子們眼中，她就是一個「高高在上的施予者」。這種經驗會讓他們產生一種被動、依賴的心態，覺得自己只能靠別人的憐憫才能生存。

相反地，應該讓他們自願付出勞動，之後再得到他們需要的物資。他們會對所得感到驕傲，而不是羞愧。這樣長大之後，他們才會懂得主動付出，靠勞動換取所需，而不是等待援助。

他的一席解說，讓女士自慚不已，明白了原來幫助別人也要有技巧。

這位瑞士人說得真好，沒有人有施捨他人的權力；同樣的，如果我們抱著施捨的心態去幫助他人，那幫助到了最後往往也就會變質。

有位慈善家分享他所認為的慈善之最高境界，講過這樣的一句話：「好事不如無事。」他的意思是：如果我們做了好事，幫助了別人，心中卻念念不忘想得到回報，總希望從此別人就對自己畢恭畢敬，被我們頤指氣使的話，那這事還不如不做。

為什麼呢？因為這麼做既是折磨了別人，也折磨了自己，瞬間把好事變成了壞事。

其實幫助別人本身是件好事，但在幫助別人的同時，有一點是許多人特別容易忽略的，就是為他人保持尊嚴。因此，時時記得顧及別人的尊嚴，只有這樣，才能獲得最好的結局。

幫助人不是高姿態的「給予」，而是一種彼此尊重的協作。很多人錯以為：「給你幫助，就是對你有恩。自己在你面前便高人一等，就算讓你丟點面子，也沒什麼關係。」這樣的態度其實是極其要不得的。因為，我們助人原本就是想為別人帶來快樂，使人生活減少煩惱，如果我們忽略助人的形式，不重視對方的尊嚴，反而會給他們的生活帶來負擔，那可就本末倒置。

八十分就好的美好生活：生活，不必總是滿格 / 張笑恆著
.——初版——新北市：晶冠出版有限公司，2025.07
面；公分．——（智慧菁典 ； 34）

ISBN 978-626-99005-5-8（平裝）

1.CST: 生活指導 2.CST: 人生哲學

177.2 114009075

智慧菁典 34

八十分就好的美好生活 生活，不必總是滿格

作　　者 張笑恆
行政總編 方柏霖
副總編輯 林美玲
校　　對 蔡青容
封面設計 王心怡
出版發行 晶冠出版有限公司
電　　話 02-7731-5558
傳　　真 02-2245-1479
E-mail ace.reading@gmail.com
總 代 理 旭昇圖書有限公司
電　　話 02-2245-1480（代表號）
傳　　真 02-2245-1479
郵政劃撥 12935041 旭昇圖書有限公司
地　　址 新北市中和區中山路二段352號2樓
E-mail s1686688@ms31.hinet.net
印　　製 福霖印刷有限公司
定　　價 新台幣380元
出版日期 2025年08月 二版一刷
ISBN-13 978-626-99005-5-8

※本書為改版書，
原書名為《0.8的生活哲學》。